Anna Hila | Franz Specht | Dr. Dörte Weers
Ulrike Lindemann | Katja Hanke | Katharina Lauritsch

MOMENTE B1.1

DEUTSCH ALS FREMDSPRACHE

Kursbuch

PLUS INTERAKTIVE VERSION

Hueber Verlag

Für die hilfreichen Hinweise bei der Entwicklung des Lehrwerks danken wir:
Beke Meyerdierks, Goethe-Institut, Madrid, Spanien
Carla Christiany, Bologna, Italien
Hans Joachim Schulze, Goethe-Institut Frankfurt, Deutschland
Lisa Hainzl, Universität Salzburg, Österreich
Tünde Salakta, Budapest, Ungarn

Fachliche Beratung:
Prof. Christian Fandrych, Herder-Institut, Universität Leipzig, Deutschland
Dr. Marion Grein, Leitung Masterstudiengang DaF / DaZ, Universität Mainz, Deutschland

3. 2. 1. | Die letzten Ziffern
2027 26 25 24 23 | bezeichnen Zahl und Jahr des Druckes.
Alle Drucke dieser Auflage können, da unverändert, nebeneinander benutzt werden.
1. Auflage

Umschlaggestaltung: Sieveking · Agentur für Kommunikation, München
Layout und Satz: Sieveking · Agentur für Kommunikation, München
Verlagsredaktion: Jutta Orth-Chambah, Silke Hilpert, Sabine Hyna, Cornelia Kentmann, Anna Meißner-Probst, Maria Reimann, Franziska Roth, Hueber Verlag, München
Druck und Bindung: Passavia Druckservice GmbH & Co. KG, Passau
Printed in Germany
ISBN 978-3-19-001793-5

Art. 530_26271_001_01

Wegweiser

MOMENTE

- trainiert die kommunikativ-sprachlichen Aktivitäten des Begleitbandes zum Europäischen Referenzrahmen – Rezeption, Produktion, Interaktion, Mediation – und fördert plurikulturelle und plurilinguale Kompetenzen.
- ist ein motivierendes Lehrwerk: MOMENTE macht die Lernziele transparent, schafft viele Erfolgserlebnisse und weckt mit spannenden Protagonistinnen und Protagonisten, Themen und Geschichten die Neugier der Lernenden.
- ist handlungsorientiert und bereitet auf Alltag und Beruf vor. Immer eine Lektion pro Modul spielt in einem beruflichen Kontext.
- fördert das gemeinsame Lernen im Kurs durch kooperative Aufgaben.
- ermöglicht individuelles Lernen durch vielfältige Angebote für heterogene Gruppen und durch ein umfassendes Angebot an Erklär-Clips und interaktiven Übungen.
- enthält eine integrierte interaktive Version und eine geschickte Verzahnung von print und digital.

KURSBUCH – STRUKTUR

Pro Niveaustufe 8 Module mit jeweils 3 Lektionen, Schnelltests zu den Lektionen und einer Übersicht über Grammatik und Redemittel (Kommunikation) am Modulende, sowie einem Magazin im Anhang.

MODUL – AUFBAU

3 Lektionen

Am Modulende: Schnelltests zu den Lektionen und Übersichtsseiten zum Modul

Im Anhang: Magazinseiten

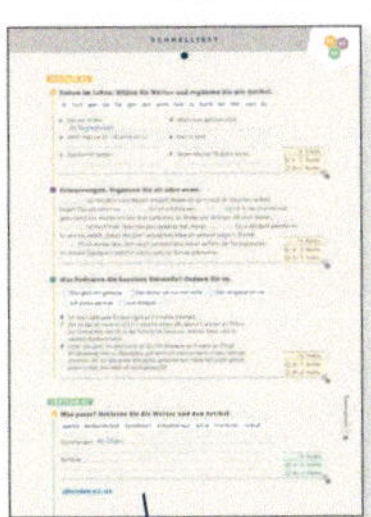

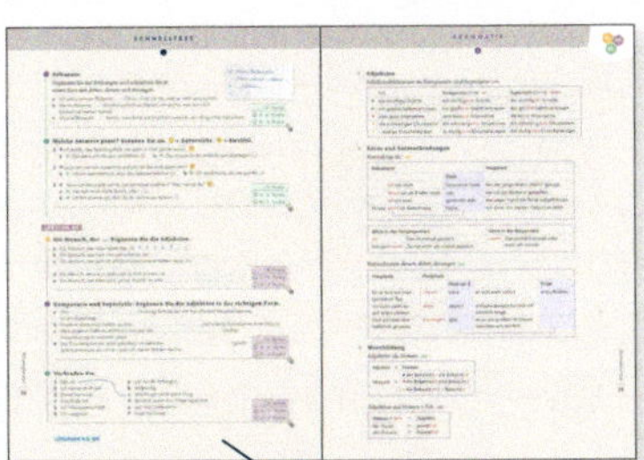

Die Schnelltests greifen den Stoff der Lektionen auf und der Lernerfolg kann allein oder in Gruppen überprüft werden.

Grammatik und Redemittel des Moduls werden klar und übersichtlich dargestellt.

Ein buntes achtseitiges Magazin beleuchtet die Lektionsthemen aus neuen Perspektiven, fördert die plurikulturelle Kompetenz und bietet spannende und vielseitige Themen aus den deutschsprachigen Ländern.

LEKTION – AUFBAU

Jede Lektion besteht aus vier Seiten und ist transparent aufgebaut. Der Einstieg besteht aus einem oder mehreren interessanten Fotos. Die Geschichten dazu bilden den Rahmen der Lektion.

Die Aufgaben der Aktionsseiten ermöglichen echte Kommunikation im Kursraum und bieten handlungsorientierte oder spielerische Aufgaben in den Bereichen Sprechen und Schreiben.

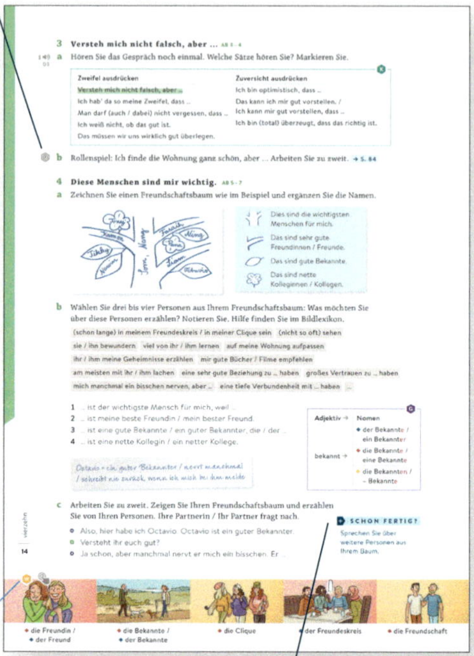

Die Lernziele jeder Lektion werden transparent dargestellt.

Die Wörter im Bildlexikon können mit zusätzlichen Übungen interaktiv weitergeübt werden.

Für schnellere Lernende gibt es kleine Extra-Aufgaben.

PIKTOGRAMME UND SYMBOLE

🔊	Hörtext
▶	Film zur Lektion
👆	Erklär-Clip und / oder interaktive Übung
AB 1–3	Übung im Arbeitsbuch
💬	Hinweis auf gesprochene Sprache

◎	Aktionsseite
	WIEDERHOLUNG
	ZWISCHENSCHRITT
W	Wörter
G	Grammatik
K	Kommunikation

In jeder Lektion werden Lese- und Hörstrategien trainiert. Auch die produktiven Fertigkeiten Sprechen und Schreiben werden systematisch aufgebaut.

Der Grammatikstoff der Lektion wird induktiv und im Kontext eines Lese- oder Hörtextes eingeführt.

Die animierten Erklär-Clips zur Grammatik können im Kurs ebenso eingesetzt werden wie für die individuelle Vor- und Nachbereitung. Dazu gibt es eine interaktive Übung zur Vertiefung.

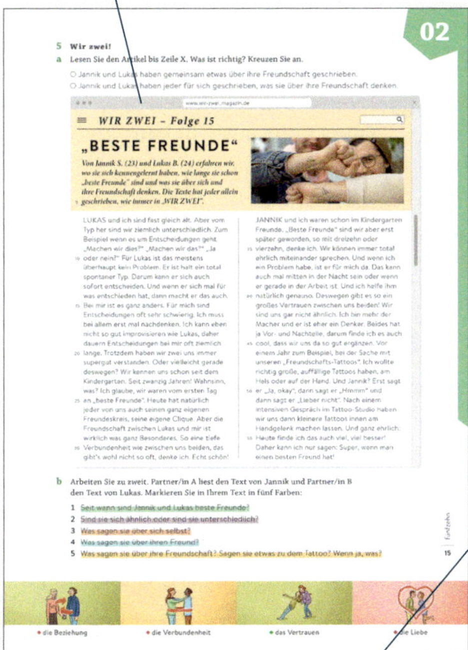

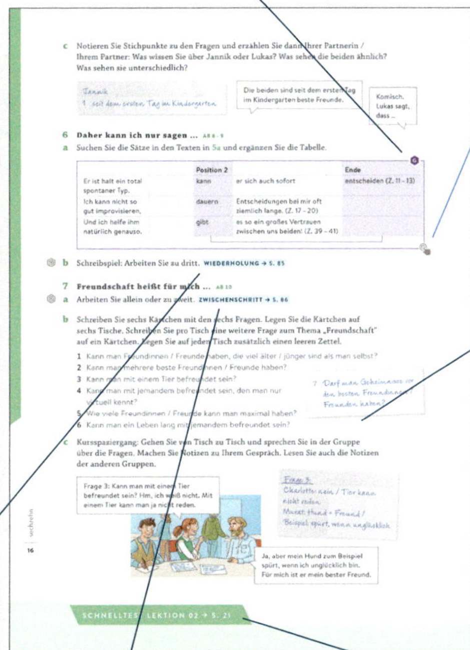

Die neuen Strukturen und Redemittel der Lektion münden in handlungsorientierte Aufgaben.

In einem Schnelltest am Modulende zum Stoff der Lektion kann der Lernerfolg allein oder in Gruppen überprüft werden. Je nach Ergebnis im Schnelltest kann individuell mit erweiternden oder vertiefenden Übungen interaktiv weitergeübt werden.

Die Rubrik **WIEDERHOLUNG** bietet auf den Aktionsseiten die Möglichkeit zur Wiederholung bekannter Grammatikthemen.

Die Rubrik **ZWISCHENSCHRITT** bietet auf den Aktionsseiten die Möglichkeit zur Binnendifferenzierung und zur Vorentlastung der Abschlussaufgaben.

UNTERRICHTEN UND LERNEN WIE UND WO SIE WOLLEN

Ob im Kursraum, von zu Hause oder unterwegs per Tablet oder Laptop: Wir stellen Ihnen dieses Lehrwerk digital als interaktive Version zur Verfügung. Egal, ob off- oder online.

- Alle Hörtexte, Filme, Erklär-Clips zur Grammatik sowie interaktive Übungen lassen sich direkt aufrufen und im integrierten Player abspielen – ganz einfach ohne Download oder weitere Abspielgeräte.
- Die Aufgaben im Buch stehen Ihnen interaktiv mit Lösungsanzeige zur Verfügung und lassen sich direkt starten.
- Integrierte Werkzeuge wie Marker, Kommentar, Lupe und Vollbildmodus unterstützen Sie bei der Unterrichtsvorbereitung und Präsentation im Unterricht am Whiteboard oder Touchscreen.
- Mit unserer Hueber interaktiv App können Sie die interaktive Version auch offline nutzen und auf eine Vielzahl der Materialien des Lehrwerks per Smartphone zugreifen.

Übrigens: Ihren Startcode zur Aktivierung der interaktiven Version zu diesem Buch finden Sie auf der vorderen Umschlagseite unter der Landkarte.

Inhalt

1 Schreiben Sie Ihren Namen auf eine Karte und stellen Sie sie vor sich auf den Tisch.

2 Ihre Kursleiterin / Ihr Kursleiter stellt eine Frage. Können Sie die Frage mit „Ja“ beantworten? Dann stehen Sie auf. Welche Themen interessieren Sie? Mit wem möchten Sie darüber reden? Notieren Sie die Namen von mindestens drei Personen und machen Sie Notizen.

- Wer hat schon in mehr als einem Land gelebt?
- Wer ist jeden Tag mehr als eine Stunde in sozialen Netzwerken aktiv?
- Wer isst kein Fleisch?
- Wer hat ein Haustier?
- Wer hat mehr als zwei Geschwister?
- Wer lebt in einer Großstadt?
- Wer spricht zu Hause mehr als eine Sprache?
- Wer verreist gern?
- Wer fährt nicht mit dem Auto zur Arbeit?
- Wer ist schon öfter umgezogen?
- Wer hat schon mal an einem Marathon teilgenommen?
- Wer steht immer früh auf?

3 Kursspaziergang: Nehmen Sie Ihre Namenskarte und Ihre Notizen mit und sprechen Sie nacheinander mit „Ihren“ Personen über die Themen. Ergänzen Sie Ihre Notizen.

4 Was haben Sie über die anderen im Kurs erfahren? Sammeln Sie im Kurs.

Dana hat schon mal an einem Marathon in New York teilgenommen. Das will ich jetzt auch unbedingt machen. Dana will mir Tipps geben. Das ist echt toll!

Ja, und sie hat zwei Katzen. Sie hat mir Fotos gezeigt. Total süß!

01

Das weiß ich noch genau!

1 Kennen wir uns? AB 1–2

a Sehen Sie den Bildschirm an und lesen Sie den Chat. Zu wem passt das? Verbinden Sie.

Irati

1 … macht einen Online-Deutschkurs.
2 … freut sich über das Wiedersehen.
3 … findet es peinlich, dass sie sich nicht erinnert.
4 … hat eine Prüfung beim Goethe-Institut gemacht.
5 … findet die Situation lustig.
6 … erklärt, dass sie bei der Prüfung aufgeregt war.

Luisa

b Wie reagieren Sie, wenn …? Arbeiten Sie zu zweit. WIEDERHOLUNG → S. 82

2 So eine Überraschung!

Machen Sie einen Kursspaziergang. Spielen Sie „Wiedersehen" an verschiedenen Orten (auf einer Party, im Café, …) und stellen Sie sich vor.

- Hey! So eine Überraschung! Kennen wir uns nicht?

🤩
- ▫ Stimmt! Wir haben uns letzte Woche auf Michikos Party gesehen! …
- Genau! Wie war noch mal dein Name? …

🤔
- Ähm … Sorry! … Ich erinnere mich gerade nicht, …
- …

LERNZIELE

LESEN: Chat in einer Videokonferenz HÖREN: Podcast KOMMUNIKATION: etwas mit der eigenen Erfahrung vergleichen: *Das kann ich bestätigen. / Das kenne ich von mir nicht.* • Beispiele geben: *… wie …*
LESEN: Forumsbeiträge KOMMUNIKATION: von Erlebnissen erzählen: *Ich habe viele Erinnerungen an …*
SCHREIBEN: über ein Erlebnis schreiben WÖRTER: Lebensphasen GRAMMATIK: Konnektor *als: Als ich mich hingesetzt habe, …*

3 Bilder im Kopf

Arbeiten Sie zu dritt. Sagen Sie ein Wort aus dem Bildlexikon. Schließen Sie die Augen und denken Sie an sich selbst. Was sehen Sie? Erzählen Sie es den anderen. Wählen Sie dann weitere Wörter aus dem Bildlexikon.

1 🔊 01

4 Podcast AB 3–4

a Lesen Sie die Fragen und hören Sie dann den Podcast. Über welche Frage wird nicht gesprochen? Kreuzen Sie an.

1 ◯ *Erlebnis in der Bahn*: Warum erinnert sich der eine und der andere nicht?
2 ◯ *Frisches Brot*: Wie hängen Erlebnisse, Erinnerungen und Gefühle zusammen?
3 ◯ *Hund und Torte*: Ab wann können wir uns erinnern?
4 ◯ *Der Song aus der Jugend*: An welche Musik erinnern sich ältere Menschen?
5 ◯ *Geschichten von früher*: Wie verändern sich Erinnerungen?

Tim Wittmann spricht mit der Neurowissenschaftlerin Dr. Alexia Nikolaou über:

Erinnerung

b Lesen Sie die Aussagen. Was meinen Sie: Welche Aussagen passen zu welcher Frage in a? Ordnen Sie zu. Hören Sie dann noch einmal und vergleichen Sie.

- (3) Später erinnert man sich vor allem an die Zeit zwischen 10 und 30 Jahren.
- ◯ Erinnerungen sind individuell: Jede/r erinnert sich anders.
- ◯ Gerüche können Erinnerungen wecken.
- ◯ Gemeinsame Erlebnisse verbinden.
- ◯ An die ersten Lebensjahre erinnert man sich oft durch Fotos.
- ◯ Erinnerungen sind oft positiver als die Realität.
- ◯ Wir erinnern uns, wenn wir etwas besonders finden.
- ◯ Erinnerungen sind mit Gefühlen verbunden.

c Wie ist Ihre Erfahrung? Wählen Sie eine Aussage aus b und sprechen Sie mit Ihrer Partnerin / Ihrem Partner. Verwenden Sie die Sätze aus dem Kasten auf Seite 11.

„Gerüche können Erinnerungen wecken." Stimmt. Das ist bei mir auch so: Wir hatten zum Beispiel früher eine Katze. Ich erinnere mich genau an den Geruch von ihrem Futter.

Ich glaube, bei mir ist das anders. Ich erinnere mich eher an Dinge, die ich oft gehört habe, wie die Straßenbahn vor meinem Fenster.

W

◆ die Vergangenheit ◆ die Gegenwart ◆ die Zukunft

◆ die Geburt

◆ die Kindheit

etwas mit der eigenen Erfahrung vergleichen		Beispiele geben
✓ Genau. / (Das) Stimmt. Das ist bei mir auch so. Das kenne ich auch. Das geht mir genauso. Das kann ich bestätigen.	✗ Ich weiß nicht, ob das stimmt. Ich glaube, das ist bei mir anders. Das kenne ich von mir nicht. Echt? Das geht mir eher nicht so. Das kann ich nicht bestätigen.	... zum Beispiel ... ... wie ...

5 Als ich nach Mainz gefahren bin, ... AB 5–7

1 02 **a** *als* oder *wenn*? Hören Sie die Sätze und ergänzen Sie.

		Ende	
....	ich mich	hingesetzt habe,	hat der junge Mann „Hallo“ gesagt.
....	ich als Erster wach	war,	bin ich zur Bäckerei gelaufen.
....	ich zwei	geworden bin,	hat unser Hund die Torte aufgefressen.
Immer	ich Geburtstag	hatte,	hat Oma von meiner Geburt erzählt.

b Wie oft ist das passiert? Lesen Sie die Sätze in a noch einmal und ordnen Sie zu: *einmal* oder *mehr als einmal*.

Sätze in der Vergangenheit		Sätze in der Gegenwart	
als	Das ist .... passiert.	wenn	Das passiert einmal oder mehr als einmal.
(immer) wenn	Das ist .... passiert.		

6 Schreibspiel

a Arbeiten Sie zu viert. Jede/r schreibt einen Satzanfang auf einen Zettel, ergänzt ihn und gibt ihn nach links weiter.

1 Als ich geboren wurde, ...
2 Immer wenn ich Geburtstag hatte, ...
3 Als ich in die Schule gekommen bin, ...
4 Jedes Mal wenn die Ferien angefangen haben, ...

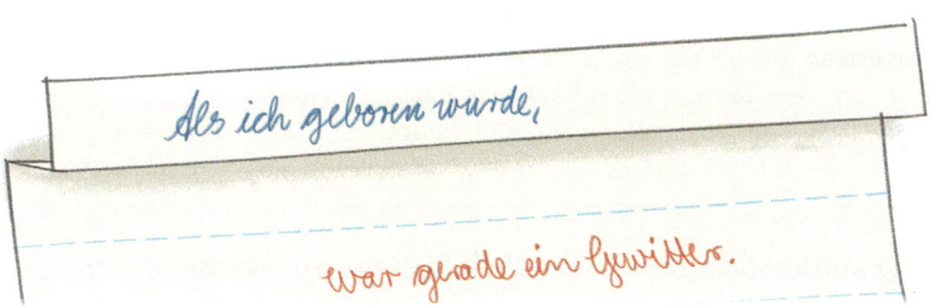

b Jede/r ergänzt einen weiteren Satz. Das Spiel ist zu Ende, wenn alle in der Gruppe vier Sätze geschrieben haben. Lesen Sie Ihre Zettel in der Gruppe vor.

7 Immer wenn du „und“ gesagt hast, ...

Arbeiten Sie zu zweit. → S. 83

◆ die Schulzeit

◆ die Jugend

◆ die / ◆ der Erwachsene

◆ das Alter

8 Ich erinnere mich noch gut an meine Schulzeit. AB 8–9

a Lesen Sie das Forum. Welches Thema passt am besten zu welchem Beitrag? Ordnen Sie das passende Thema zu und vergleichen Sie dann mit Ihrer Partnerin / Ihrem Partner.

1 eine typische Situation im Unterricht | 2 eine wichtige Person aus der Schulzeit | 3 der erste Schultag | 4 das Besondere am Schulhaus | 5 der tägliche Schulweg | 6 ein kleines Abenteuer mit gutem Ende

www.erinnerungen-blog.com

A ⬡

Nanouk Ich habe viele aufregende Erinnerungen an meine Schulzeit. Besonders gut kann ich mich an die Pausen erinnern. Wenn es geregnet hat, waren wir gern auf dem Korridor vor den Biologie-Sälen – dort gab es nämlich Aquarien mit Fischen. Einmal haben wir ein altes Pausenbrot ins Wasser geworfen. Als unser Bio-Lehrer das gemerkt hat, gab es richtig Ärger. Das vergesse ich nie! Zum Glück haben alle Fische überlebt ;-) Wenn ich mich heute daran erinnere, ist es lustig, aber damals hatte ich echt ein schlechtes Gewissen.

B ⬡

Liam Ich denke auch gern an meine Schulzeit, besonders an meine erste Lehrerin. Als sie am ersten Tag ins Klassenzimmer gekommen ist, hatte sie einen großen grünen Koffer dabei. Das weiß ich noch genau! Der Koffer war voll mit besonderen Sachen: eine kleine Glocke, eine Sanduhr, verschiedene Stempel ... Immer wenn wir mit einer Aufgabe fertig waren, haben wir einen tollen Stempel bekommen. Leider habe ich nach einem Jahr die Schule gewechselt.

b Lesen Sie das Forum in a noch einmal und ergänzen Sie dann zu zweit die Sätze im Kasten.

von Erlebnissen erzählen K

Ich habe viele ... Erinnerungen an ...	Einmal ... / Als ...
Ich .... gern / nicht so gern an ...	Ich hatte Glück, weil ... / .... Glück ...
Besonders gut kann ich .... an ... erinnern.	Mein Pech war, dass ... / Leider ...
Das weiß ich noch ....!	Wenn ich mich heute .... erinnere, ...
Immer / Jedes Mal wenn ...	Das .... ich nie!

c Welche Erinnerungen haben Sie an Ihre Schulzeit? Schreiben Sie über ein Erlebnis. Die Themen in a und die Fragen helfen Ihnen.

- Wann war das? (auf dem Schulweg, im Unterricht, in der Pause, ...)
- Wo war das? (im Klassenzimmer, in der Sporthalle, auf dem Pausenhof, ...)
- Wer war dabei? (Schulfreund*in, Lehrer*in, Hausmeister*in, Direktor*in, ...)
- Wie war die Situation damals? (lustig, peinlich, unangenehm, überraschend, ...)
- Warum erinnern Sie sich heute noch daran?

Extra

Film

d Tauschen Sie die Texte mit Ihrer Partnerin / Ihrem Partner und stellen Sie Fragen.

SCHNELLTEST LEKTION 01 → S. 21

02

Beste Freunde

Jannik und Lukas

1 Was ist los, Jannik? AB 1

1 03 **a** Sehen Sie das Bild an und hören Sie das Gespräch. Ergänzen Sie dann die Sätze.

1 Jannik und Lukas sind vor dem Tattoo-Studio, denn ...
2 Jannik und Lukas sind ..., deshalb möchten sie sich Tattoos stechen lassen.
3 Jannik ist nicht sicher, weil die beiden später mal vielleicht ...

b Wer hat Ihrer Meinung nach recht? Lukas oder Jannik? Sprechen Sie zu zweit.

> Ich finde, dass Lukas seinen Freund Jannik nicht ernst nimmt. Wenn Jannik ...

2 Tattoos AB 2

Bilden Sie ein Kugellager und sprechen Sie über die Fragen.

a Wie bewertet man Tattoos in Ihrem oder einem anderen Kulturkreis?
b Haben Sie ein Tattoo? Wenn ja, welches Motiv? Wenn nein, warum nicht?
c Welche Motive für Freundschafts-Tattoos gefallen Ihnen?

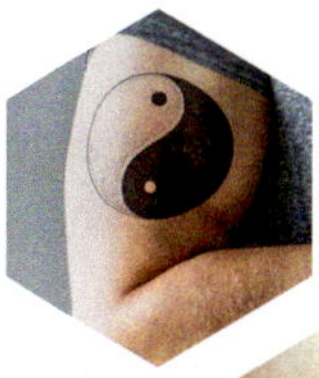

> Hier, ich habe ein Tattoo am Arm. Das ist das Geburtsdatum von meiner Oma.

> Ich habe auch eins. Einen Pinguin! Auf dem Fuß! Ich liebe Pinguine.

LERNZIELE

HÖREN: Gespräch vor einer schwierigen Entscheidung **KOMMUNIKATION:** Zweifel ausdrücken: *Versteh mich nicht falsch, aber ...* • Zuversicht ausdrücken: *Ich bin optimistisch, dass ...* **LESEN:** Magazintext (online) **WÖRTER:** Beziehungen **GRAMMATIK:** Konnektoren *darum, daher, deswegen: Darum kann er sich auch sofort entscheiden.* • Wortbildung: Adjektive als Nomen: *der Bekannte*

3 Versteh mich nicht falsch, aber … AB 3–4

1 🔊 03 **a** Hören Sie das Gespräch noch einmal. Welche Sätze hören Sie? Markieren Sie.

K

Zweifel ausdrücken	Zuversicht ausdrücken
Versteh mich nicht falsch, aber …	Ich bin optimistisch, dass …
Ich hab’ da so meine Zweifel, dass …	Das kann ich mir gut vorstellen. / Ich kann mir gut vorstellen, dass …
Man darf (auch / dabei) nicht vergessen, dass …	Ich bin (total) überzeugt, dass das richtig ist.
Ich weiß nicht, ob das gut ist.	
Das müssen wir uns wirklich gut überlegen.	

b Rollenspiel: Ich finde die Wohnung ganz schön, aber … Arbeiten Sie zu zweit. → S. 84

4 Diese Menschen sind mir wichtig. AB 5–7

a Zeichnen Sie einen Freundschaftsbaum wie im Beispiel und ergänzen Sie die Namen.

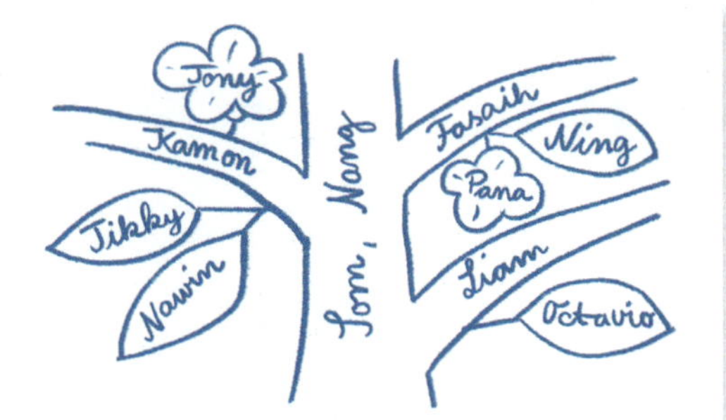

- Dies sind die wichtigsten Menschen für mich.
- Das sind sehr gute Freundinnen / Freunde.
- Das sind gute Bekannte.
- Das sind nette Kolleginnen / Kollegen.

b Wählen Sie drei bis vier Personen aus Ihrem Freundschaftsbaum: Was möchten Sie über diese Personen erzählen? Notieren Sie. Hilfe finden Sie im Bildlexikon.

(schon lange) in meinem Freundeskreis / in meiner Clique sein | (nicht so oft) sehen | sie / ihn bewundern | viel von ihr / ihm lernen | auf meine Wohnung aufpassen | ihr / ihm meine Geheimnisse erzählen | mir gute Bücher / Filme empfehlen | am meisten mit ihr / ihm lachen | eine sehr gute Beziehung zu … haben | großes Vertrauen zu … haben | mich manchmal ein bisschen nerven, aber … | eine tiefe Verbundenheit mit … haben | …

1 … ist der wichtigste Mensch für mich, weil …
2 … ist meine beste Freundin / mein bester Freund.
3 … ist eine gute Bekannte / ein guter Bekannter, die / der …
4 … ist eine nette Kollegin / ein netter Kollege.

Octavio = ein guter Bekannter / nervt manchmal / schreibt nie zurück, wenn ich mich bei ihm melde

G

Adjektiv →	Nomen
bekannt →	◆ der Bekannte / ein Bekannter
	◆ die Bekannte / eine Bekannte
	◆ die Bekannten / – Bekannte

c Arbeiten Sie zu zweit. Zeigen Sie Ihren Freundschaftsbaum und erzählen Sie von Ihren Personen. Ihre Partnerin / Ihr Partner fragt nach.

- Also, hier habe ich Octavio. Octavio ist ein guter Bekannter.
- Versteht ihr euch gut?
- Ja schon, aber manchmal nervt er mich ein bisschen. Er …

+ SCHON FERTIG? Sprechen Sie über weitere Personen aus Ihrem Baum.

W

◆ die Freundin / ◆ der Freund

◆ die Bekannte / ◆ der Bekannte

◆ die Clique

◆ der Freundeskreis

◆ die Freundschaft

5 Wir zwei!

a Lesen Sie den Artikel bis Zeile 5. Was ist richtig? Kreuzen Sie an.

○ Jannik und Lukas haben gemeinsam etwas über ihre Freundschaft geschrieben.
○ Jannik und Lukas haben jeder für sich geschrieben, was sie über ihre Freundschaft denken.

www.wir-zwei_magazin.de

WIR ZWEI – Folge 15

„BESTE FREUNDE“

Von Jannik S. (23) und Lukas B. (24) erfahren wir, wo sie sich kennengelernt haben, wie lange sie schon „beste Freunde“ sind und was sie über sich und ihre Freundschaft denken. Die Texte hat jeder allein geschrieben, wie immer in „WIR ZWEI“.

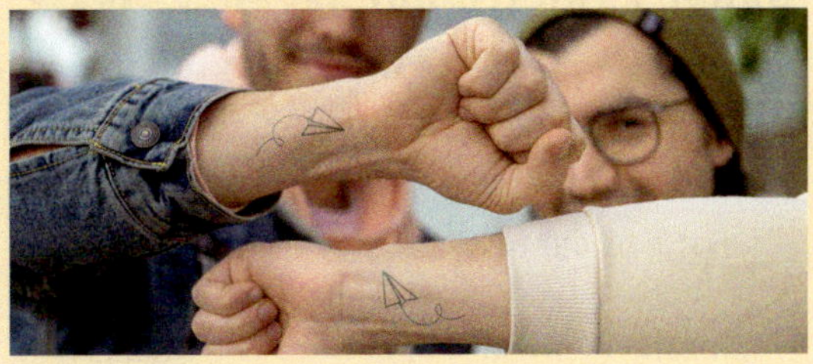

LUKAS und ich sind fast gleich alt. Aber vom Typ her sind wir ziemlich unterschiedlich. Zum Beispiel wenn es um Entscheidungen geht. „Machen wir dies?“ „Machen wir das?“ „Ja oder nein?“ Für Lukas ist das meistens überhaupt kein Problem. Er ist halt ein total spontaner Typ. Darum kann er sich auch sofort entscheiden. Und wenn er sich mal für was entschieden hat, dann macht er das auch. Bei mir ist es ganz anders. Für mich sind Entscheidungen oft sehr schwierig. Ich muss bei allem erst mal nachdenken. Ich kann eben nicht so gut improvisieren wie Lukas, daher dauern Entscheidungen bei mir oft ziemlich lange. Trotzdem haben wir zwei uns immer supergut verstanden. Oder vielleicht gerade deswegen? Wir kennen uns schon seit dem Kindergarten. Seit zwanzig Jahren! Wahnsinn, was? Ich glaube, wir waren vom ersten Tag an „beste Freunde“. Heute hat natürlich jeder von uns auch seinen ganz eigenen Freundeskreis, seine eigene Clique. Aber die Freundschaft zwischen Lukas und mir ist wirklich was ganz Besonderes. So eine tiefe Verbundenheit wie zwischen uns beiden, das gibt’s wohl nicht so oft, denke ich. Echt schön!

JANNIK und ich waren schon im Kindergarten Freunde. „Beste Freunde“ sind wir aber erst später geworden, so mit dreizehn oder vierzehn, denke ich. Wir können immer total ehrlich miteinander sprechen. Und wenn ich ein Problem habe, ist er für mich da. Das kann auch mal mitten in der Nacht sein oder wenn er gerade in der Arbeit ist. Und ich helfe ihm natürlich genauso. Deswegen gibt es so ein großes Vertrauen zwischen uns beiden! Wir sind uns gar nicht ähnlich. Ich bin mehr der Macher und er ist eher ein Denker. Beides hat ja Vor- und Nachteile, darum finde ich es auch cool, dass wir uns da so gut ergänzen. Vor einem Jahr zum Beispiel, bei der Sache mit unseren „Freundschafts-Tattoos“. Ich wollte richtig große, auffällige Tattoos haben, am Hals oder auf der Hand. Und Jannik? Erst sagt er „Ja, okay“, dann sagt er „Hmmm“ und dann sagt er „Lieber nicht“. Nach einem intensiven Gespräch im Tattoo-Studio haben wir uns dann kleinere Tattoos innen am Handgelenk machen lassen. Und ganz ehrlich: Heute finde ich das auch viel, viel besser! Daher kann ich nur sagen: Super, wenn man einen besten Freund hat!

b Arbeiten Sie zu zweit. Partner/in A liest den Text von Jannik und Partner/in B den Text von Lukas. Markieren Sie in Ihrem Text in fünf Farben:

1 Seit wann sind Jannik und Lukas beste Freunde?
2 Sind sie sich ähnlich oder sind sie unterschiedlich?
3 Was sagen sie über sich selbst?
4 Was sagen sie über ihren Freund?
5 Was sagen sie über ihre Freundschaft? Sagen sie etwas zu dem Tattoo? Wenn ja, was?

◆ die Beziehung

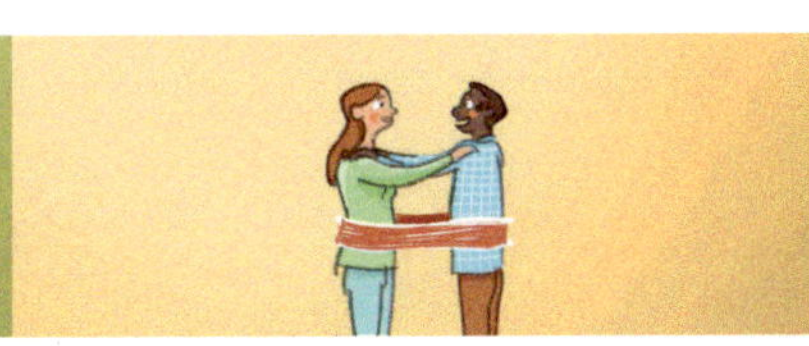
◆ die Verbundenheit

◆ das Vertrauen

◆ die Liebe

c Notieren Sie Stichpunkte zu den Fragen und erzählen Sie dann Ihrer Partnerin / Ihrem Partner: Was wissen Sie über Jannik oder Lukas? Was sehen die beiden ähnlich? Was sehen sie unterschiedlich?

Jannik
1 seit dem ersten Tag im Kindergarten

Die beiden sind seit dem ersten Tag im Kindergarten beste Freunde.

Komisch. Lukas sagt, dass ...

6 Daher kann ich nur sagen ... AB 8 – 9

a Suchen Sie die Sätze in den Texten in 5a und ergänzen Sie die Tabelle.

		Position 2		Ende
Er ist halt ein total spontaner Typ.	....	kann	er sich auch sofort	entscheiden (Z. 11 – 13)
Ich kann nicht so gut improvisieren,	....	dauern	Entscheidungen bei mir oft ziemlich lange. (Z. 17 – 20)	
Und ich helfe ihm natürlich genauso.	....	gibt	es so ein großes Vertrauen zwischen uns beiden! (Z. 39 – 41)	

b Schreibspiel: Arbeiten Sie zu dritt. WIEDERHOLUNG → S. 85

7 Freundschaft heißt für mich ... AB 10

a Arbeiten Sie allein oder zu zweit. ZWISCHENSCHRITT → S. 86

b Schreiben Sie sechs Kärtchen mit den sechs Fragen. Legen Sie die Kärtchen auf sechs Tische. Schreiben Sie pro Tisch eine weitere Frage zum Thema „Freundschaft" auf ein Kärtchen. Legen Sie auf jeden Tisch zusätzlich einen leeren Zettel.

1 Kann man Freundinnen / Freunde haben, die viel älter / jünger sind als man selbst?
2 Kann man mehrere beste Freundinnen / Freunde haben?
3 Kann man mit einem Tier befreundet sein?
4 Kann man mit jemandem befreundet sein, den man nur virtuell kennt?
5 Wie viele Freundinnen / Freunde kann man maximal haben?
6 Kann man ein Leben lang mit jemandem befreundet sein?

7 Darf man Geheimnisse vor den besten Freundinnen / Freunden haben?

c Kursspaziergang: Gehen Sie von Tisch zu Tisch und sprechen Sie in der Gruppe über die Fragen. Machen Sie Notizen zu Ihrem Gespräch. Lesen Sie auch die Notizen der anderen Gruppen.

Frage 3: Kann man mit einem Tier befreundet sein? Hm, ich weiß nicht. Mit einem Tier kann man ja nicht reden.

Frage 3:
Charlotte: nein / Tier kann nicht reden
Murat: Hund = Freund / Beispiel: spürt, wenn unglücklich

Ja, aber mein Hund zum Beispiel spürt, wenn ich unglücklich bin. Für mich ist er mein bester Freund.

SCHNELLTEST LEKTION 02 → S. 21

03

Das ist genau mein Ding!

B
Chen Lu, 28, arbeitet in einer Versicherung

A
Vicky, 39, Buchhalterin

C
Jakob, 38, Krankenpfleger

1 ◀)) 04

1 Was ist genau dein Ding?

a Wie gefällt den Personen ihre Arbeit? Hören Sie und zeichnen Sie ☺ ☹.

Vicky: ☐ Chen Lu: ☐ Jakob: ☐

b Hören Sie noch einmal. Welche Aussagen sind richtig? Kreuzen Sie an.

1 ○ Vicky kann gut mit Zahlen umgehen.
2 ○ Ihre Arbeit ist langweilig und unkreativ.
3 ○ Chen Lu hat Tourismusmanagement studiert.
4 ○ Sie möchte mehr Geld verdienen.
5 ○ Jakob wünscht sich einen Job, der nicht so hart ist.
6 ○ Er arbeitet gern mit Menschen und im Team.

2 Und was ist Ihr Ding?

Welche Aussage passt am besten zu Ihnen? Warum? Sprechen Sie.

a Meine Arbeit ist voll mein Ding.
b Mein Job ist ganz ok.
c Ich möchte mich beruflich verändern.
d Ich weiß noch nicht, was ich beruflich machen will.

Eigentlich mag ich meine Arbeit im Krankenhaus, aber oft gibt es einen Notfall und dann …

Das ist genau / voll / total / ganz mein Ding. =
Ich kann das gut und mag es sehr gern.

LERNZIELE

HÖREN: Selbsteinschätzungen **LESEN:** Coaching-Website **KOMMUNIKATION:** sich selbst einschätzen: *Das liegt mir (nicht).* **WÖRTER:** Persönliche Stärken **GRAMMATIK:** Adjektivdeklination im Komparativ und Superlativ: *ein wichtiger Schritt – ein wichtigerer Schritt – der wichtigste Schritt* • Wortbildung: Adjektive aus Nomen + *lich*: *freundlich*

3 Ratespiel: Wenn man … AB 1

a Arbeiten Sie zu zweit. Wählen Sie vier Adjektive aus dem Bildlexikon und umschreiben Sie sie.

1 Man kommt nie zu spät!
2 …

b Tauschen Sie die Zettel nun mit einem anderen Paar, lesen Sie die Beschreibungen und raten Sie das Adjektiv.

Wenn man nie zu spät kommt, dann ist man pünktlich. Oder?

Ja, genau! Richtig!

G

Nomen + lich	→	Adjektiv
der Punkt	→	pünktlich
der Freund	→	freundlich

4 So findest du genau dein Ding! AB 2

a Arbeiten Sie zu zweit. Person A liest Text 1 und löst die Aufgaben zu A, Person B liest Text 2 auf Seite 19 und löst die Aufgaben zu B. Fassen Sie dann die Ergebnisse für Ihre Partnerin / Ihren Partner zusammen.

A

Jahra ist Coachin. Ihre Klientinnen und Klienten sind nicht mehr .... mit ihrem Job und möchten sich beruflich ...., haben aber oft .... davor. Jahra .... ihnen, den richtigen Job zu finden.

B

- Wie findet Chen Lu Jahras Website?
- Wie beschreibt Chen Lu ihren aktuellen Job?
- Wie beschreibt sie sich als Person?

www.dein-jobcoach.de

START | ÜBER MICH | ANGEBOTE | KONTAKT

← COACHING → NEUORIENTIERUNG!

Schritt für Schritt: So findest du genau dein Ding!

1 Hallo, ich bin Jahra, Coachin und Expertin für deine Neuorientierung! Kennst du das auch? Morgens möchtest du am liebsten im Bett bleiben, und wenn du dann auf der Arbeit bist, fragst du dich, was du da eigentlich tust? Deine Arbeit ist einfach nicht dein Ding, aber eine bessere Alternative hast du auch nicht? Und außerdem ist da die Angst vor Veränderung! Was, wenn du etwas Neues ausprobierst, aber alles schiefgeht? Keine Sorge! Die schwierigsten Situationen können die größten Chancen sein. Denn sie bringen dich zu mutigeren Entscheidungen. Der erste und wichtigste Schritt auf dem Weg zu deinem Traumjob? Du solltest deine Stärken kennen! Denn nur, wenn du weißt, wer du bist, kannst du eine Arbeit finden, die voll und ganz zu dir passt. Du lernst dich nicht nur besser kennen, sondern bekommst auch ein größeres Selbstvertrauen. Dann gelingt auch der Neustart viel leichter!
Wenn du für diesen Schritt bereit bist, dann buche dir jetzt dein erstes Gespräch zum Kennenlernen.

Ich freue mich auf dich!

JETZT BUCHEN

W

teamfähig

gut organisiert

kommunikativ

pünktlich

zuverlässig

hilfsbereit

2

ChenLu Hallo Jahra,
ich hab deine Website gesehen und war total begeistert. Ehrlich gesagt bin ich froh, dass ich auf dich gestoßen bin. (Im Netz gibt es ja 1000 Coaches ...) Ich habe schon nen guten Job. Meine Kolleg:innen sind nett. Ich verstehe mich gut mit ihnen. Aber manchmal frage ich mich: War's das schon? Immer im Hamsterrad ... Immer die gleichen Aufgaben! Das Problem ist aber: Ich weiß eigentlich gar nicht so genau, was ich kann und was nicht. Ich habe eigentlich schon viele Interessen. Ich bin ein aktiver Mensch, offen für neue Dinge, lerne auch gern neue Menschen kennen. Na ja! Da ist das schon eine wichtige Entscheidung. Das muss man sich genau überlegen. Ich bin mir total unsicher. Ich würde gern einen Termin vereinbaren ...
Viele Grüße
Chen Lu

b Würden Sie bei einem Job-Coach Hilfe suchen? Warum (nicht)?

> Ja, warum nicht? Es gibt heute so viele Job-Möglichkeiten. Ein Coach kann mir helfen, den richtigen Job zu finden.

> Ein Job-Coach? Eher nicht. Das kostet bestimmt total viel.

5 Eine bessere Alternative hast du auch nicht? AB 3–7

a Lesen Sie noch einmal Text 1 auf Seite 18 und ergänzen Sie die Tabelle.

G

	(+)	Komparativ (++): -er	Superlativ (+++): -(e)st-
◆	ein wichtiger Schritt	ein wichtigerer Schritt	der .... Schritt
◆	ein großes Selbstvertrauen	ein .... Selbstvertrauen	das größte Selbstvertrauen
◆	eine gute Alternative	eine .... Alternative	die beste Alternative
◆	die schwierigen Situationen	die schwierigeren Situationen	die .... Situationen
◆	- mutige Entscheidungen	zu .... Entscheidungen	die mutigsten Entscheidungen

b Bilden Sie Sätze mit den Wortpaaren wie im Beispiel. Sprechen Sie im Kurs.

1 erfrischend – ◆ Getränk
2 spannend – ◆ Film
3 schön – ◆ Jahreszeit
4 toll – ◆ Aktivität
5 cool – ◆ Band
6 gut – ◆ Schauspieler
7 lecker – ◆ Essen
8 groß – ◆ mein Wunsch

> Orangensaft ist ein erfrischendes Getränk.

> Limonade ist ein erfrischenderes Getränk.

> Ich finde, Wasser ist immer noch das erfrischendste Getränk.

c Gedichtewerkstatt. Arbeiten Sie zu viert. WIEDERHOLUNG → S. 87

offen gründlich fleißig aufmerksam geduldig kreativ

6 Das sagen meine Klient:innen AB 8–10

a Lesen Sie Chen Lus Kommentar. Hat ihr das Coaching gefallen? Warum (nicht)? Sprechen Sie.

www.dein-jobcoach.de

Das sagen meine Klient:innen

ChenLu Das Coaching bei Jahra hat mich wirklich weitergebracht! Ich habe so viel über mich selbst erfahren, über meine Stärken, meine Fähigkeiten und Möglichkeiten. Jetzt weiß ich endlich, was ich beruflich machen will!!! Aber auch so bin ich seitdem viel positiver. Jahra ist sehr empathisch, aber auch total strukturiert. Besonders toll fand ich ihre Checkliste am Anfang! Da waren Dinge dabei – über die habe ich noch nie nachgedacht. Vielen Dank für das fantastische Coaching! Ich kann es nur allen empfehlen, die noch nicht wissen, was sie machen wollen.

b Meine SUPERKRÄFTE – Jahras Checkliste → S. 89

c Arbeiten Sie zu dritt. Präsentieren Sie jeweils Ihre drei wichtigsten Stärken. Ihre Notizen aus **b** helfen Ihnen dabei. Die anderen reagieren.

Meine SUPERKRÄFTE
1. *Ich kann gut rechnen.*
2. *Ich bin handwerklich begabt.*
3. *Ich arbeite gern alleine und liebe die Arbeit am Computer.*

- Ich kann gut rechnen. Zahlen und Mathematik sind genau mein Ding.
- Wirklich? Damit kann ich gar nichts anfangen. Das langweilt mich total! Ich war schon in der Schule schlecht in Mathe.
- Ich interessiere mich auch überhaupt nicht für Zahlen.

- Ich bin handwerklich begabt. Und repariere oft die Autos von meinen Freunden.
- Oh! Das kannst du? Toll!
- Das liegt mir nicht. Dann bist du sicher auch sehr hilfsbereit.

- Ich arbeite gern alleine und liebe die Arbeit am Computer.
- Echt? Das ist nichts für mich! Ich muss mich einfach bewegen. Aber ich interessiere mich auch für Computer.
- Das geht mir auch so. Ich vergesse die Zeit, wenn ich am Computer sitze.

K

sich selbst einschätzen

Ich interessiere mich (total / überhaupt nicht) für …	Das finde ich langweilig. / Das langweilt mich.
Ich kann (richtig) gut …	Damit kann ich gar nichts anfangen.
Ich kenne mich (auch / nicht) gut aus mit …	Das ist nichts für mich.
Ich vergesse die Zeit, wenn …	Das liegt mir (nicht).
… ist / sind genau / voll / total / ganz mein Ding. / Das ist genau / voll / total / ganz mein Ding.	Das interessiert mich (auch / überhaupt nicht).
	… ist / sind gar / überhaupt nicht mein Ding. / Das ist gar / überhaupt nicht mein Ding.

01 03 02

LEKTION 01

Zeiten im Leben: Bilden Sie Wörter und ergänzen Sie mit Artikel.

Al | burt | ~~gan~~ | Ge | Ge | ~~gen~~ | gen | gend | ~~heit~~ | Ju | kunft | ter | ~~Ver~~ | wart | Zu

a Das war früher: *die Vergangenheit*

b Wenn man ca. 12 – 18 Jahre alt ist: ....

c Das kommt später: ....

d Wenn man geboren wird: ....

e Das ist jetzt: ....

f Wenn man ca. 75 Jahre alt ist: ....

..... / 5 Punkte
3 – 5 Punkte
0 – 2 Punkte

Erinnerungen. Ergänzen Sie *als* oder *wenn*.

.... (a) morgens mein Wecker klingelt, bleibe ich gern noch ein bisschen im Bett liegen. Das war schon so, ... (b) ich ein Kind war. .... (c) ich in die Grundschule gekommen bin, musste ich sehr früh aufstehen. Im Winter war es sogar oft noch dunkel, ... (d) mich mein Vater morgens geweckt hat. Immer .... (e) er ans Bett gekommen ist und freundlich „Guten Morgen!" gesagt hat, habe ich wütend reagiert. Einmal, ... (f) ich wieder laut „Geh weg!" gerufen habe, hat er einfach die Tür zugemacht. An diesem Tag bin ich natürlich viel zu spät zur Schule gekommen.

..... / 6 Punkte
4 – 6 Punkte
0 – 3 Punkte

Was bedeuten die kursiven Satzteile? Ordnen Sie zu.

⬡ Das geht mir genauso | ⬡ Das kenne ich von mir nicht | ⬡ Das vergesse ich nie | ⬡ Ich denke gern an | ⬡ zum Beispiel

- *Ich habe viele gute Erinnerungen an* (1) meine Kindheit.
- *Das ist bei mir auch so* (2). Ich träume sogar oft, dass ich wieder an Orten von früher bin, *wie* (3) in der Schule, im Haus von meiner Oma oder in meinem Kinderzimmer.
- Echt? *Das geht mir eher nicht so* (4). Ich erinnere mich mehr an Dinge, an Spielzeug und so. Besonders gut kann ich mich an mein erstes Fahrrad erinnern. Als ich das erste Mal damit gefahren bin, hatte ich leider gleich einen Unfall. *Das weiß ich noch genau* (5)!

..... / 5 Punkte
3 – 5 Punkte
0 – 2 Punkte

LEKTION 02

Was passt? Notieren Sie die Wörter und den Artikel.

~~queCli~~ | denbunVerheit | kannBete/r | kreisdesFreun | beLie | trauVeren | rndeuF

Beziehungen: *die Clique* ....

....

Gefühle: ....

....

..... / 6 Punkte
4 – 6 Punkte
0 – 3 Punkte

LÖSUNGEN → S. 120

Bekannte.

Ergänzen Sie die Endungen und schreiben Sie je einen Satz mit *daher*, *darum* und *deswegen*.

a Ich sehe meinen Bekannt........ Oliver nicht so oft, weil er weit weg wohnt.
b Meine Bekannt........ Sandra und ich verstehen uns prima, weil wir viele Gemeinsamkeiten haben.
c Unsere Bekannt........ nerven manchmal ein bisschen, weil sie uns oft spontan besuchen.

a Mein Bekannter Oliver wohnt ..., daher ...
b ..., darum ...
c ...

...... / 6 Punkte
4 – 6 Punkte
0 – 3 Punkte

Welche Antwort passt? Kreuzen Sie an. 🙂 = Zuversicht ☹ = Zweifel

1 Ich hoffe, das Tattoo gefällt mir auch in fünf Jahren noch. 🙂
a Das kann ich mir gut vorstellen. ⬡ b Das musst du dir wirklich gut überlegen. ⬡

2 Levin will mit mir zusammenziehen. Ist das eine gute Idee? ☹
a Ich bin optimistisch, dass das klappen könnte. ⬡ b Ich weiß nicht, ob das gut ist. ⬡

3 Kann ich Anna alle meine Geheimnisse erzählen? Was meinst du? 🙂
a Versteh mich nicht falsch, aber ... ⬡
b Ich bin überzeugt, dass du ihr vertrauen kannst. ⬡

...... / 3 Punkte
2 – 3 Punkte
0 – 1 Punkte

LEKTION 03

Ein Mensch, der .... Ergänzen Sie die Adjektive.

a Ein Mensch, der viele Ideen hat, ist k r e a t i v.
b Ein Mensch, der hart und viel arbeitet, ist ....
c Ein Mensch, der gut mit anderen zusammenarbeiten kann, ist ....
d Ein Mensch, der nie zu spät oder zu früh kommt, ist ....
e Ein Mensch, der alles ganz genau macht, ist sehr ....

...... / 4 Punkte
3 – 4 Punkte
0 – 2 Punkte

Komparativ und Superlativ: Ergänzen Sie die Adjektive in der richtigen Form.

a Der .... (wichtig) Schritt bei der beruflichen Neuorientierung ist ein Coaching.
b Kreative Menschen finden auch in .... (schwierig) Situationen eine Lösung.
c Mein eigenes Café zu eröffnen, das war die .... (mutig) Entscheidung in meinem Leben.
d Das Coaching hat mir echt geholfen. Ich habe ein .... (groß) Selbstvertrauen als vorher, weil ich meine Stärken kenne.

...... / 4 Punkte
3 – 4 Punkte
0 – 2 Punkte

Verbinden Sie.

1 Das ist
2 Ich kenne mich gut
3 Damit kann ich
4 Das finde ich
5 Ich interessiere mich
6 Ich vergesse

a gar nichts anfangen.
b langweilig.
c überhaupt nicht mein Ding.
d die Zeit, wenn ich Dinge repariere.
e aus mit Computern.
f total für Kunst.

...... / 5 Punkte
3 – 5 Punkte
0 – 2 Punkte

LÖSUNGEN → S. 120

Adjektive

Adjektivdeklination im Komparativ und Superlativ LO3

	(+)	Komparativ (++): -er	Superlativ (+++): -(e)st-
◆	ein wichtiger Schritt	ein wichtigerer Schritt	der wichtigste Schritt
◆	ein großes Selbstvertrauen	ein größeres Selbstvertrauen	das größte Selbstvertrauen
◆	eine gute Alternative	eine bessere Alternative	die beste Alternative
◆	die schwierigen Situationen	die schwierigeren Situationen	die schwierigsten Situationen
◆	- mutige Entscheidungen	zu mutigeren Entscheidungen	die mutigsten Entscheidungen

Sätze und Satzverbindungen

Konnektor *als* LO1

Nebensatz		Hauptsatz
	Ende	
Als ich mich	hingesetzt habe,	hat der junge Mann „Hallo" gesagt.
Wenn ich als Erster wach	war,	bin ich zur Bäckerei gelaufen.
Als ich zwei	geworden bin,	hat unser Hund die Torte aufgefressen.
Immer wenn ich Geburtstag	hatte,	hat Oma von meiner Geburt erzählt.

Sätze in der Vergangenheit		Sätze in der Gegenwart	
als	Das ist einmal passiert.	wenn	Das passiert einmal oder mehr als einmal.
(immer) wenn	Das ist mehr als einmal passiert.		

Konnektoren *darum, daher, deswegen* LO2

Hauptsatz	Hauptsatz			
		Position 2		Ende
Er ist halt ein total spontaner Typ.	Darum	kann	er sich auch sofort	entscheiden.
Ich kann nicht so gut improvisieren,	daher	dauern	Entscheidungen bei mir oft ziemlich lange.	
Und ich helfe ihm natürlich genauso.	Deswegen	gibt	es so ein großes Vertrauen zwischen uns beiden!	

Wortbildung

Adjektive als Nomen LO2

Adjektiv →	Nomen
bekannt →	◆ der Bekannte / ein Bekannter
	◆ die Bekannte / eine Bekannte
	◆ die Bekannten / – Bekannte

Adjektive aus Nomen + *lich* LO3

Nomen + lich	→	Adjektiv
der Punkt	→	pünktlich
der Freund	→	freundlich

etwas mit der eigenen Erfahrung vergleichen LO1

✓	✗
Genau. / (Das) Stimmt.	Ich weiß nicht, ob das stimmt.
Das ist bei mir auch so.	Ich glaube, das ist bei mir anders.
Das kenne ich auch.	Das kenne ich von mir nicht.
Das geht mir genauso.	Echt? Das geht mir eher nicht so.
Das kann ich bestätigen.	Das kann ich nicht bestätigen.

Beispiele geben LO1

... zum Beispiel ...
... wie ...

von Erlebnissen erzählen LO1

Ich habe viele ... Erinnerungen an ...
Ich denke gern / nicht so gern an ...
Besonders gut kann ich mich an ... erinnern.
Das weiß ich noch genau!
Immer / Jedes Mal wenn ...

Einmal ... / Als ...
Ich hatte Glück, weil ... / Zum Glück ...
Mein Pech war, dass ... / Leider ...
Wenn ich mich heute daran erinnere, ...
Das vergesse ich nie!

Zweifel ausdrücken LO2

Versteh mich nicht falsch, aber ...
Ich hab' da so meine Zweifel, dass ...
Man darf (auch / dabei) nicht vergessen, dass ...
Ich weiß nicht, ob das gut ist.
Das müssen wir uns wirklich gut überlegen.

Zuversicht ausdrücken LO2

Ich bin optimistisch, dass ...
Ich bin (total) überzeugt, dass das richtig ist.
Das kann ich mir gut vorstellen. / Ich kann mir gut vorstellen, dass ...

sich selbst einschätzen LO3

Ich interessiere mich (total / überhaupt nicht) für ...
Ich kann (richtig) gut ...
Ich kenne mich (auch / nicht) gut aus mit ...
Ich vergesse die Zeit, wenn ...
... ist / sind genau / voll / total / ganz mein Ding. /
Das ist genau / voll / total / ganz mein Ding.

Das finde ich langweilig. / Das langweilt mich.
Damit kann ich gar nichts anfangen.
Das ist nichts für mich.
Das liegt mir (nicht).
Das interessiert mich (auch / überhaupt nicht).
... ist / sind gar / überhaupt nicht mein Ding. /
Das ist gar / überhaupt nicht mein Ding.

04

Morgen, morgen ...!

1 05 **1 Aber morgen ...**

Was denkt die Frau? Hören Sie. Was ist richtig? Kreuzen Sie an.

Die Frau möchte heute mit dem ◯ Auto ☒ Fahrrad zur Arbeit fahren, weil sie etwas für die Umwelt tun möchte. Ihr Kollege Holger kommt auch ◯ manchmal ◯ immer mit dem Fahrrad zur Arbeit. Sie schaut auf die Wetter-App: Ab Mittag regnet es ◯ ganz sicher ◯ vielleicht ! ◯ Deshalb ◯ Trotzdem nimmt sie heute nicht das ◯ Auto ◯ Fahrrad . Aber morgen ...

2 Unsere Vorsätze! AB 1

a Welche Vorsätze haben Sie für das nächste halbe Jahr? Sammeln Sie im Kurs.

jeden Morgen kalt duschen
weniger Süßigkeiten essen
nur regionales Gemüse kaufen
viel Sport machen
früh aufstehen

b Was meinen Sie: Welche beiden Vorsätze gibt es im Kurs am häufigsten ✓? Und welche beiden am seltensten ✗? Notieren Sie. Machen Sie gemeinsam eine Kursstatistik. Vergleichen Sie dann mit Ihren Notizen.

✓ viel Sport machen, weniger Süßigkeiten essen
✗ kein Eis essen, ...

LERNZIELE

HÖREN: innerer Monolog **LESEN:** populärwissenschaftlicher Text / Projektbeschreibung **KOMMUNIKATION:** eine Präsentation einleiten / halten / abschließen: *Ich erzähle euch jetzt etwas über ... / Wir kommen zum Schluss.* • Fragen stellen / auf Fragen reagieren: *Ich habe noch folgende Frage: ... / Also das ist so: ...* **WÖRTER:** Veränderungen **GRAMMATIK:** Konnektoren *damit* / *um ... zu*: *Menschen brauchen tatsächlich lange, damit sie auf eine alte Gewohnheit verzichten. / um auf eine alte Gewohnheit zu verzichten.*

3 Heute fahre ich mit dem Rad zur Arbeit, damit … AB 2–3

1 05 **a** Wozu macht die Frau das? Hören Sie noch einmal und ordnen Sie in der richtigen Form zu.

jetzt keinen Fehler machen | auch mal was für die Umwelt tun

G

			Ende
Heute fahre ich mit dem Rad zur Arbeit,	damit	....	....

G

		Ende	
Damit	....	.... ,	kann ich ja schnell mal auf die Wetter-App gucken.

b Was machen Sie, damit …? Arbeiten Sie in Gruppen. → S. 90

4 Gar nicht so einfach!

a Sehen Sie das Bildlexikon zwei Minuten an. Schließen Sie dann Ihr Buch. Wie viele Wörter wissen Sie noch? Notieren Sie. Sammeln Sie dann alle Wörter im Kurs.

sich anstrengen, …

b Überfliegen Sie den Artikel. Was ist richtig? Kreuzen Sie an.

1 ○ Das eigene Verhalten ändern? Das ist gar nicht so einfach. Es dauert lang und man braucht viele Wiederholungen.

2 ○ Man muss nicht auf alte Gewohnheiten verzichten, wenn man sein Verhalten ändern möchte. Denn das ist zu anstrengend für unser Gehirn.

www.psychologie/umlernen.de

Umlernen? … Gar nicht so einfach!

1 Viele Umfragen zeigen: Mehr als 60 Prozent aller Menschen in Deutschland würden gern klimafreundlicher leben. Das klingt super. Aber leider genügt es nicht, wenn man nur einen guten Vorsatz hat. Ein Wunsch allein führt noch nicht zu tatsächlichen Verhaltensänderungen.

2 Um unser Verhalten zu ändern, müssen wir unser Denken „umprogrammieren". Leider geht das nicht so schnell und problemlos wie bei einem Software-Update. Warum? Ganz einfach: Unser Gehirn möchte sich nicht gern bewegen. Es liebt alte Gewohnheiten, weil es sich für die nicht anstrengen muss. Und es hasst Veränderungen, weil neues Verhalten sehr viel mehr Energie kostet und oft wiederholt werden muss, bis es endlich auch zur Gewohnheit wird.

W

einen Vorsatz haben

eine Gewohnheit haben

sich an etwas gewöhnen

etwas wiederholen

3 Aus der psychologischen Forschung wissen wir: Menschen brauchen tatsächlich lange, um auf eine alte Gewohnheit zu verzichten. Um ein neues Verhalten einzuüben, sind im Durchschnitt 60 bis 70 Wiederholungen nötig! Ein Beispiel: Um Vegetarier zu werden, genügt es nicht, wenn man nur einen Tag lang kein Fleisch isst. Erst nach zwei Monaten ist der Verzicht auf Fleisch gar nicht mehr so schwer für uns.

4 Fazit: Wir müssen viel Ausdauer haben, um uns an neue Standards zu gewöhnen. Nach dem Umlernen ist unser Gehirn dann aber schnell wieder zufrieden. Die neue Gewohnheit funktioniert jetzt nämlich genauso automatisch und energiesparend wie die alte zuvor.

c Notieren Sie zu jedem Abschnitt in **b** mindestens eine Frage. Ihre Partnerin / Ihr Partner antwortet.

1 *Wie viel Prozent der Menschen in Deutschland würden gern klimafreundlicher leben?*

Wie viel Prozent …?

Das sind …

5 Um auf eine alte Gewohnheit zu verzichten, … AB 4–7

a Wie kann man diese Sätze noch sagen? Markieren Sie die Sätze im Text in **4b**. Hilfe finden Sie im Kasten.

1 Damit wir unser Verhalten ändern, müssen wir unser Denken „umprogrammieren".
2 Menschen brauchen sehr lange, damit sie auf eine alte Gewohnheit verzichten.
3 Wir müssen viel Ausdauer haben, damit wir uns an neue Standards gewöhnen.

G

				Ende
Menschen brauchen tatsächlich lange,	damit	sie	auf eine alte Gewohnheit	verzichten.
= Menschen brauchen tatsächlich lange,	um		auf eine alte Gewohnheit	zu verzichten.

b Würfelspiel: *damit* oder *um … zu*? Arbeiten Sie in Gruppen. → S. 91

6 Das möchte ich unbedingt ändern!

a Notieren Sie drei Dinge, die Sie in den nächsten drei Monaten unbedingt ändern möchten. Markieren Sie dann: Was ist für Sie am wichtigsten?

Handy weniger nutzen
kein Fleisch mehr essen
mehr Zeit für meine Eltern haben

b Arbeiten Sie zu zweit: Tauschen Sie Ihre Zettel aus **a**. Überlegen Sie: Was könnte Ihre Partnerin / Ihr Partner tun, um das zu ändern? Geben Sie Tipps.

Du könntest jeden Tag ein neues vegetarisches Rezept ausprobieren. Und ich würde …

c Schreiben Sie einer Freundin / einem Freund eine Textnachricht und erzählen Sie von Ihrem Plan und den Tipps von Ihrer Partnerin / Ihrem Partner.

etwas / das Verhalten ändern

sich bewegen

sich anstrengen

Ausdauer haben

7 Mit dem Fahrrad zur Arbeit AB 8 – 9

a Lesen Sie den Text und notieren Sie Informationen zu den Zahlen: 1–7 15 85 400

www.primaklima.de

Na also! Geht doch!

Mehr als die Hälfte aller Autofahrer:innen sagen, dass sie lieber mit dem Rad zum Arbeitsplatz fahren würden. Um diese Aussage in der Realität zu testen, wurde in Süddeutschland eine praktische Studie mit 400 Teilnehmer:innen in 15 Projektgruppen gemacht. Sie fuhren ein bis sieben Monate lang mit E-Bikes in die Arbeit und wieder nach Hause. Damit der Umstieg vom Auto aufs Fahrrad für sie einfach und leicht wurde, haben alle ein kostenloses Leih-E-Bike mit Fahrradschloss, Radtaschen und Regenkleidung bekommen. Und man hat ihnen sogar den besten und schnellsten Weg für die Fahrt vom Wohnort zum Arbeitsplatz erklärt und gezeigt. Das Ergebnis: 85 Prozent von ihnen sagten am Ende der Studie, dass sie auch in Zukunft freiwillig weiter mit dem Rad zur Arbeit fahren wollen!

b Eine Präsentation hören. Arbeiten Sie allein. ZWISCHENSCHRITT → S. 92

1 06

400 Teilnehmer:innen an einer Studie

8 Eine Präsentation halten AB 10 – 11

a Arbeiten Sie zu zweit. Machen Sie eine kleine Präsentation zum Thema: „Fahrradfreundliche Projekte“. → S. 93

b Halten Sie Ihre Präsentation vor dem Kurs. Verwenden Sie die Sätze aus dem Kasten. Die anderen notieren Fragen.

K

eine Präsentation einleiten / halten	eine Präsentation abschließen
Ich spreche über ... Ich erzähle euch jetzt etwas über ... Zuerst möchte ich über ... reden, dann über ... Es geht um (das Thema) ...	Wir kommen zum Schluss. Wir wollten noch sagen ... Vielen Dank für eure Aufmerksamkeit. Gibt es / Habt ihr noch Fragen oder Anmerkungen?

c Beantworten Sie die Fragen der anderen.

K

Fragen stellen	auf Fragen reagieren
Ich habe noch folgende Frage: ... Und wie ist das mit ...? Ich würde gern noch wissen, wie / ob ...	Danke! Das ist eine sehr interessante Frage. Also, das ist so: ... Dazu kann ich sagen, dass ... Dazu habe ich leider keine Informationen.

Ihr habt ein echt interessantes Projekt vorgestellt. Vielen Dank! Ich habe noch folgende Frage: ...

Danke! Das ist eine sehr interessante Frage. Also, das ist so: ...

SCHNELLTEST LEKTION 04 → S. 37

Wär' das etwas für dich?

05

www.alternativleben.org/projekte

– UCKERDORF –

BEWOHNER*INNEN

83 (65 Erwachsene, 18 Kinder)

GRÜNDUNGSJAHR

2012

EINRICHTUNGEN

Landwirtschaft (Gemüsegarten, Hühner, Schafe), Gemeinschaftsküche, Kantine / Café, Bibliothek, Seminarhaus, Schlafsaal / Zeltplatz, Dorfladen, Versammlungsraum, Werkstatt, Waldkindergarten

1 Was gibt's Neues? AB 1

1 07 **a** Sehen Sie das Bild an und lesen Sie den Steckbrief. Was meinen Sie: Was ist das Uckerdorf? Hören Sie dann den Anfang des Gesprächs und vergleichen Sie.

ein Fortbildungszentrum in Berlin | ein Feriendorf in Norddeutschland | ein Projekt für alternatives Leben

1 08 **b** Hören Sie weiter und markieren Sie im Steckbrief: Über welche Einrichtungen spricht Nils?

c Lesen Sie die Sätze. Zu wem passt das? Verbinden Sie.

Nils

1 ... geht endlich mal wieder weg.
2 ... zieht mit der Familie ins Uckerdorf.
3 ... stellt viele Fragen zum Projekt.
4 ... möchte im Kindergarten helfen und die Doktorarbeit schreiben.
5 ... hat Zweifel, ob das Leben im Uckerdorf so toll ist.

Esther

d Ich würde gern ... Arbeiten Sie zu zweit.

WIEDERHOLUNG PARTNER/IN A → S. 94 PARTNER/IN B → S. 114

LERNZIELE

HÖREN: Gespräch über alternative Wohnformen **LESEN:** Steckbrief **KOMMUNIKATION:** etwas beurteilen: *Warum nicht? Ich finde das super! / Das geht gar nicht!* **LESEN:** Porträts (online) **KOMMUNIKATION:** ein Gespräch zusammenfassen: *Insgesamt kann man sagen, dass ...* **WÖRTER:** Gebäude und Einrichtungen **GRAMMATIK:** Konjunktiv II der Gegenwart mit *wenn*-Satz: *Wenn ich keine Kinder hätte, wäre ich wieder in Berlin.* • Wortbildung: Nomen + *n* + Nomen / Nomen + *s* + Nomen: *Toilettenpapier / Geburtstagskuchen*

1 🔊) 09

2 Was ist das Besondere?

Was ist richtig? Hören Sie noch einmal einen Ausschnitt des Gesprächs und kreuzen Sie an.

a ⬡ Im Uckerdorf leben mehrere Generationen.
b ⬡ Die Bewohnerinnen und Bewohner teilen sich alle Räume.
c ⬡ Man muss nicht selbst kochen.
d ⬡ Alle arbeiten 20 Stunden pro Woche für die Gemeinschaft.
e ⬡ Die Bewohnerinnen und Bewohner ernähren sich nur von der eigenen Landwirtschaft.
f ⬡ Nils gefällt die Idee, dass er mehr Zeit mit seinen Kindern verbringt.
g ⬡ Esther macht sich Sorgen, dass für Nils alles zu viel wird.

3 Einrichtungen im Uckerdorf AB 2–3

Lesen Sie die Situationen und sehen Sie das Bildlexikon an. Welche Einrichtungen der Gemeinschaft kann Nils nutzen? Können Sie sich das für sich selbst vorstellen? Sprechen Sie mit Ihrer Partnerin / mit Ihrem Partner.

A Er hat mehrere Freunde zu Besuch.

B Er muss Babywäsche waschen.

C Er muss sein Fahrrad reparieren.

D Er braucht Toilettenpapier.

E Er will mal wieder einen Roman lesen.

G

Nomen + n + Nomen	Nomen + s + Nomen
◆ die Toilette +	◆ der Geburtstag +
◆ das Papier	◆ der Kuchen
= ◆ das Toilettenpapier	= ◆ der Geburtstagskuchen

F Er möchte mit seinen Kindern Natur erleben.

G Er möchte einen Vortrag organisieren.

H Er will einen Geburtstagskuchen backen.

- ○ Wenn Nils mehrere Freunde zu Besuch hat, kann er den Schlafsaal nutzen. Oder den Zeltplatz.
- ◽ Warum nicht? Ich finde das super!
- ○ Für meine Freunde wäre das nichts. Das ist doch total unbequem!

K

etwas beurteilen	
🙂	🙁
Warum nicht? Ich finde das super! Das wäre genau das Richtige für mich / ...	Das geht gar nicht! Für mich / ... wäre das nichts.

W

◆ die Bibliothek

◆ der Dorfladen

◆ die Gemeinschaftsküche

◆ die Kantine

◆ die Landwirtschaft

4 Für uns als Familie ist das Projekt ideal. AB 4

a Arbeiten Sie in Gruppen und lesen Sie die Beiträge. Jede Gruppe beantwortet eine Frage (1 oder 2) und macht eine Liste.

1 Was finden die Personen positiv?
2 Wo sehen die Personen Probleme?

Gruppe 1: Kinder wachsen in der Natur auf

Gruppe 2: Gemeinschaft braucht viel Zeit …

www.alternativleben.org/projekte/stimmen

– STIMMEN AUS DEM UCKERDORF –

1

Nils, 34, Vater von zwei Kindern (3 und 5 Jahre), lebt seit zwei Monaten im Projekt

Für uns als Familie ist das Projekt gerade ideal: Die Kinder wachsen in der Natur auf, im Dorf gibt es keine Autos, dafür viel Platz zum Spielen. Und für mich ist natürlich praktisch, dass ich hier immer nette Babysitter finde. Auf der anderen Seite „kostet" die Gemeinschaft auch Zeit: für Mitarbeit, Versammlungen, Diskussionen. Das sind Stunden, die ich dann nicht mehr für meine Doktorarbeit habe. Wenn ich keine Kinder hätte, wäre ich jetzt wahrscheinlich wieder in Berlin.

2

Maruta, 28, lebt seit 3 Jahren im Projekt

Ich bin Architektin und mache gerade den Master „Klimagerechtes Bauen". Für mich ist das Uckerdorf ein großes Experiment. Hier kann man viel ausprobieren: Was ist für die Menschen und für die Umwelt gut? Finanziell ist es leider immer schwierig. Am Ende machen wir viel selber – wir Bewohner:innen und natürlich viele freiwillige Helfer:innen. Wenn wir mehr Geld hätten, dann könnten wir mehr Handwerker:innen bezahlen. Dann würde alles ganz perfekt aussehen. Aber: Es würde nicht so viel Spaß machen!

3

Britta, 67, Mitgründerin und von Anfang an dabei

Hier leben Singles und Familien, Menschen mit unterschiedlicher Herkunft und Lebenserfahrung, Kinder und Erwachsene – das ist wunderbar lebendig! Aber es gibt natürlich auch immer wieder Missverständnisse und Konflikte. Was brauchen die verschiedenen Menschen? Was bedeutet „Rücksicht nehmen"? Wie geht das: eine gute, friedliche Kommunikation? Wenn ich noch einmal 40 wäre, würde ich nur noch halbtags arbeiten und den Rest meiner Zeit für solche Fragen verwenden. Hier kann man jeden Tag etwas dazulernen.

b Arbeiten Sie mit einer Person aus der jeweils anderen Gruppe zusammen und tauschen Sie Ihre Ergebnisse aus **a** aus. Fallen Ihnen weitere positive oder negative Punkte ein? Sprechen Sie.

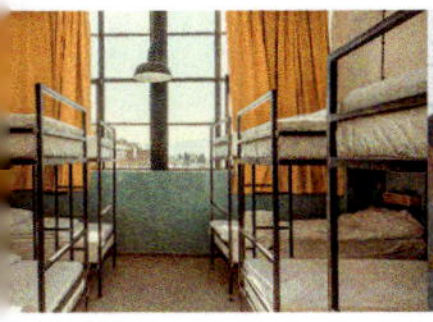
◆ der Schlafsaal

◆ der Versammlungsraum

◆ der Waldkindergarten

◆ die Waschküche

◆ die Werkstatt

◆ der Zeltplatz

5 Wenn wir mehr Geld hätten, … AB 5 – 10

a Sehen Sie noch einmal die Beiträge in 4a an und ergänzen Sie die Tabelle.

G

reale Situation	irreale Bedingung / Vorstellung
Nils hat Kinder.	Wenn ich keine Kinder hätte, wäre ich wieder in Berlin.
Die Gemeinschaft hat nicht so viel Geld.	Wenn wir mehr Geld ………, ……… wir mehr Handwerker:innen bezahlen.
Britta ist 67 Jahre alt.	Wenn ich noch einmal 40 ………, ……… ich nur noch halbtags arbeiten.

b Rätsel: Wenn ich ein „Dingsda" wäre, … Arbeiten Sie in Gruppen. → S. 96

6 Ich würde vielleicht ins Uckerdorf ziehen, wenn … AB 11

a Würden Sie selbst gern ins Uckerdorf ziehen? Lesen Sie die Aussagen 1 – 3. Welche Aussage passt zu Ihnen? Machen Sie ein Plakat. Sprechen Sie dann über die Fragen und notieren Sie.

1 Ja, das könnte ich mir sehr gut vorstellen!
→ Wie würden Ihre Bekannten, Freundinnen, Freunde und Familie reagieren?

2 Ich bin mir nicht sicher. Vielleicht, wenn …
→ In welchem Fall würden Sie sich positiv entscheiden?

3 Nein, das kann ich mir überhaupt nicht vorstellen!
→ Warum? Was wäre schrecklich, wenn Sie dort leben würden?

b Berichten Sie im Kurs: Worüber haben Sie in der Gruppe gesprochen?

K

ein Gespräch zusammenfassen

Bei uns war die Frage, wie / in welchem Fall / warum …
Wir haben lange darüber gesprochen, …
Ziemlich einig waren wir uns in dem Punkt, dass …
Fast alle / Mehrere / Einige haben gesagt, dass …
Nur eine Person, nämlich … / Niemand meint / findet, dass …
Insgesamt kann man sagen, dass …

Extra

Film

SCHNELLTEST LEKTION 05 → S. 37

Ich war ja vorher so aufgeregt!

06

Rafa und Lotti

1 Geschafft!

a Sehen Sie das Bild an. Was meinen Sie? Wer sind die Personen, was machen sie und warum freuen sie sich? Sprechen Sie.

Vielleicht sind das Mutter und Sohn.

Das glaube ich nicht. Ich vermute, ...

1 10 **b** Hören Sie nun das Gespräch. Was ist richtig? Kreuzen Sie an.

1 ○ Lotti hat das erste Mal ein Live-Video gemacht.
2 ○ Rafa hat schon viele Live-Videos mit anderen Personen gemacht.
3 ○ Bei dem Live-Video haben nur wenige Menschen zugeschaut.
4 ○ Rafa hat Lotti zu dem Live-Video überredet.

2 Ich war so aufgeregt!

Haben Sie schon einmal etwas Neues gemacht und waren davor total aufgeregt? Erzählen Sie im Kurs.

Ich wollte unbedingt einmal Bungee-Jumping machen, hatte aber lange nicht den Mut dazu. Vor drei Jahren habe ich es dann doch gemacht und war davor schrecklich nervös.

LERNZIELE

HÖREN: Gespräch nach einem Live-Video / im Chat mit Followern **LESEN:** Forumsbeiträge zum Thema Freiberuflichkeit **KOMMUNIKATION:** etwas kritisch bewerten: *Also, ich bezweifle, dass …* • Mut machen: *Da bin ich sehr zuversichtlich!* **SCHREIBEN:** Kommentar **WÖRTER:** Berufliche Neuorientierung **GRAMMATIK:** Konnektor *obwohl: Vor vier Jahren bin ich nach Deutschland gekommen, obwohl ich kein Wort Deutsch konnte.*

3 Worträtsel

Arbeiten Sie zu zweit. Sehen Sie das Bildlexikon an und schreiben Sie fünf Sätze mit Lücken wie im Beispiel. Tauschen Sie dann Ihre Sätze mit einem anderen Paar und ergänzen Sie die neuen Sätze.

> Ich mache im nächsten Monat ein Praktikum, um ganz viele Erfahrungen zu sammeln.

4 Von gestern für morgen AB 1

1 ◀)) 11 **a** Hören Sie den ersten Ausschnitt aus dem Live-Video und ergänzen Sie die Steckbriefe. Welche Gemeinsamkeiten haben Rafa und Lotti? Sprechen Sie.

Rafa

Alter: ....

Herkunft: ....

Studium: ....wissenschaften

Aktivität im Netz: ....: mitdernaturleben zum Thema Umwelt

Wohnort: ....

Lotti

Alter: ....

Herkunft: ....

Beruf (früher): freiberuflich als ....

Aktivität im Netz: ....: alteswissen_neugenutzt zum Thema Umwelt

Wohnort: Lüneburg

1 ◀)) 12 **b** Hören Sie nun den zweiten Ausschnitt aus dem Live-Video. Welche Fragen stellen die Followers von Lotti und Rafa im Chat? Kreuzen Sie an.

1 ◯ zerowaste_lena: Lotti, seit wann hast du deinen Blog?
2 ◯ sina_1998: Rafa, was machst du eigentlich genau?
3 ◯ naturliebe23: Warum habt ihr einen gemeinsamen Kanal?
4 ◯ keinplanetbthorsten: Was plant ihr auf eurem Kanal für die Zukunft?
5 ◯ nachhaltiginköln: Spielt der Altersunterschied eine große Rolle?
6 ◯ unverpackt.salzgitter: Habt ihr auch eine gemeinsame Website?
7 ◯ minimalistin: Was habt ihr voneinander gelernt?

1 ◀)) 12 **c** Hören Sie noch einmal den zweiten Ausschnitt. Was passt zu wem? Ergänzen Sie: Lotti = L, Rafa = R.

1 R ◯ Spricht im Netz über Projekte von Kakao-Bauern.
2 ◯ ◯ Findet, dass man viel von dem Volk Arhuaco lernen kann.
3 ◯ ◯ Gibt Tipps: Das kann man im Alltag für die Umwelt tun.
4 ◯ ◯ Hatte die Idee von einem gemeinsamen Kanal.
5 ◯ ◯ Hat sich gefragt: Soll ich etwas Neues wagen?
6 ◯ ◯ Kennt sich super mit sozialen Medien aus.
7 ◯ ◯ Kennt viele Leute und hat ein großes Netzwerk.
8 ◯ ◯ Hat nicht so viel Lebenserfahrung.
9 ◯ ◯ Findet den Altersunterschied nicht wichtig. Denn man lernt viel voneinander.

W

freiberuflich arbeiten

fest angestellt sein

ein Risiko eingehen

etwas Neues wagen

d Wie gefällt Ihnen die Idee von Lottis und Rafas Videoblog?

> Ich finde es super, dass die beiden zusammenarbeiten. Das Alter ist echt unwichtig …

> Umwelt ist ein wichtiges Thema. Die beiden können viel voneinander lernen.

5 Obwohl ich kein Wort Deutsch konnte, … AB 2

1 13

a Lesen Sie die Sätze und verbinden Sie. Hören Sie dann und vergleichen Sie.

1 Vor vier Jahren bin ich nach Deutschland gekommen,
2 Immerhin bin ich schon 73,
3 Rafa ist einfach der Experte,
4 Du nimmst mich immer in allem ernst,

a obwohl ich mich durch meinen Blog im Internet schon ganz gut auskenne.
b obwohl ich kein Wort Deutsch konnte.
c obwohl ich viel weniger Lebenserfahrung habe.
d obwohl ich mich gar nicht so fühle.

b Lesen Sie noch einmal die Aussagen in **a** und ergänzen Sie die Tabelle.

G

			Ende
1 Vor vier Jahren bin ich nach Deutschland gekommen,	obwohl	…………	………… .
2 Immerhin bin ich schon 73,	obwohl	…………	………… .

6 *obwohl* oder *trotzdem*? AB 3 – 5

Arbeiten Sie zu zweit. WIEDERHOLUNG → S. 97

7 Ich mache das, obwohl …

a Welche drei Dinge wollen Sie unbedingt einmal machen? Warum haben Sie sie noch nicht gemacht? Machen Sie Notizen.

1 nähen lernen – nicht begabt sein
2 einer berühmten Person begegnen – schüchtern sein
3 alle Hauptstädte der Welt besuchen – nicht gern fliegen

b Arbeiten Sie in Gruppen. Nennen Sie Ihre Wünsche und Gründe dagegen. Die anderen geben Ihnen Tipps.

> Ich will unbedingt nähen lernen, obwohl ich nicht begabt bin.

> Im Internet gibt es doch tolle Tutorials. Da findest du bestimmt etwas!

+ SCHON FERTIG?
Haben Sie noch mehr Wünsche? Spielen Sie weitere Dialoge.

Erfahrungen sammeln

eine Idee umsetzen

einen Traum verwirklichen

ein Projekt planen

einen Auftrag bekommen

8 Ich möchte meinen Traum verwirklichen! AB 6–7

a Lesen Sie Leons Beitrag und die Antworten. Markieren Sie in zwei Farben: Vorteile und Nachteile von Freiberuflichkeit.

www.alternativleben.org/projekte/stimmen

Leon96 **Ich hab' mal eine Frage: Arbeitet von euch jemand freiberuflich? Ich würde gern meinen Traum verwirklichen und meinen Job als Angestellter aufgeben. Ich könnte mir vorstellen, als Blogger zu arbeiten und meinen eigenen Reiseblog zu starten: Wie reist man umweltbewusst? Bin mir aber total unsicher, ob ich das wagen soll. Was meint ihr?**

1 

Franziska Also, ich bin mir nicht sicher, ob das klappt, denn es gibt ja schon so viele Reiseblogs. Na ja, auf jeden Fall bist du unabhängig! Kannst deine Zeit frei einteilen. Aber da kommt natürlich auch eine Menge Papierkram auf dich zu. Krankenversicherung, Steuern und so ... Du musst dich um alles selbst kümmern und kannst nicht einfach sagen: „Nö, dafür bin ich nicht zuständig!" Außerdem bekommst du keinen Urlaub bezahlt usw. Und immer die Frage: Hab' ich nächsten Monat genug Aufträge? Tja ... Das alles musst du bedenken. Ich persönlich finde den Gedanken, keine Sicherheit zu haben, unerträglich!

2 

Milena Ich bin davon überzeugt, dass das alles gut gehen wird! Ich bin das Risiko eingegangen und kann nur sagen: Heute bin ich glücklich. Ich bin meine eigene Chefin, kann machen, was ich will, und niemand macht mir Vorschriften. Aber klar, man braucht auch viel Disziplin und Ausdauer. Der Anfang war nicht leicht. Ich glaube trotzdem, dass man das machen soll, was einen glücklich macht. Denn jetzt geht es mir gut und ich verdiene auch ganz gut.

3 

Jerin Hm ... Ich stelle mir die Freiberuflichkeit ziemlich einsam vor. Keine Kolleg:innen, nicht viel Austausch, keine Unterstützung, wenn man sie mal braucht. Man muss auch sehen, dass das sicher nicht einfach ist. Für mich wäre das nichts! Also, ich bezweifle, dass mir das wirklich gefallen würde.

4 

Yolanda Als Freiberuflerin genieße ich die flexiblen Arbeitszeiten und dass ich mir aussuchen kann, für wen und was ich arbeite. Ich habe mich als Angestellte immer wie im „Gefängnis" gefühlt – diese 9-to-5-Jobs mit festen Vorgaben, Abläufen ... das war nix für mich. Jetzt arbeite ich viel mehr, aber es macht mir nichts aus. Selbst den Montagmorgen finde ich schön. 🙂 Das wird schon gut gehen! Du musst es nur wollen!

KOMMENTIEREN

b Lesen Sie noch einmal die Antworten auf Leons Frage in **a** und ergänzen Sie die Tabelle.

Na ja, ... | Tja ... | Hm ... | Ähm / Äh ...

K

etwas kritisch bewerten	Mut machen
Also, *ich bin mir nicht sicher*, ob das klappt, denn ...	Ich bin (absolut) sicher, dass es gelingen wird, denn ...
Man muss ...., dass ...	Ich kann gut verstehen, dass ... aber ...
	...., dass das alles gut gehen wird!
Ich denke, dass das kaum möglich ist, denn ...	Das ....!
Also, ich ...., dass ...	Da bin ich sehr zuversichtlich!

9 Man muss auch sehen, dass ...

Schreibkarussell. Arbeiten Sie zu dritt. → S. 98

SCHNELLTEST LEKTION 06 → S. 38 Magazin Lektion 04, 05, 06 → S. 76

LEKTION 04

Gute Vorsätze: Ergänzen Sie.

1 ○ Ich habe einen V o r s a t z (a): Ich möchte jeden Tag eine Stunde joggen! Hoffentlich kann ich mich daran ge...ö.........en (b)!
□ Du musst das in nächster Zeit nur oft genug wie..................len (c), dann ....der.........(d) du dein Verhalten ganz sicher!

2 ○ Du joggst 25 Kilometer ohne Pause? Du hast ja echt viel Aus..................(a)! Toll!
□ Das schaffst du auch, wenn du dich ein bisschen an..................ng.........(b) Trainieren wir heute Abend?
○ Nein, ich möchte mich heute nicht mehr b..................gen (c).

.... / 6 Punkte
☺ 4 – 6 Punkte
☹ 0 – 3 Punkte

Gesunde Ernährung:
Schreiben Sie Sätze mit *damit* oder, wenn möglich, mit *um ... zu*.

a Ich nehme heute Nachmittag frei. – *ein Webinar machen*
b Meine Kollegin übernimmt meine Arbeit. – *ich / das Webinar machen können*
c Ich mache ein Webinar über gesunde Ernährung. – *mein Mann und ich / sich besser ernähren*
d *etwas für die Umwelt tun* – Wir kaufen nur noch regionale Lebensmittel.

a Ich nehme heute Nachmittag frei, ...

.... / 4 Punkte
☺ 3 – 4 Punkte
☹ 0 – 2 Punkte

In einer Präsentation: Welche Antwort passt? Kreuzen Sie an.

1 ○ Und wie ist das mit dem Umweltschutz?
a □ Also das ist so: ... ○
b □ Es geht um den Umweltschutz. ○

2 ○ Wir würden gern noch wissen, woher ihr diese Informationen habt.
a □ Wir kommen zum Schluss. ○
b □ Dazu können wir sagen, dass wir bei ... recherchiert haben. ○

3 □ Habt ihr noch Fragen?
a ○ Dazu habe ich leider keine Informationen. ○
b ○ Ja, danke. Ich habe noch folgende Frage: ... ○

4 ○ Ich würde gern noch wissen, ob das ein europäisches Projekt ist.
a □ Danke! Das ist eine sehr interessante Frage. ○
b □ Vielen Dank für eure Aufmerksamkeit. ○

.... / 4 Punkte
☺ 3 – 4 Punkte
☹ 0 – 2 Punkte

LEKTION 05

Im Gemeinschaftsprojekt: Verbinden Sie.

a Da schauen wir gemeinsam Filme an: Im ...	1 Land	A küche
b Da repariere ich mein Fahrrad: In der ...	2 Versammlungs	B laden
c Da kann man z.B. Gemüse kaufen: Im ...	3 Schlaf	C statt
d Da kochen wir zusammen: In der ...	4 Werk	D wirtschaft
e Da übernachten Besucher: Im ...	5 Gemeinschafts	E saal
f Da gibt es Schafe und Hühner: In der ...	6 Dorf	F raum

.... / 5 Punkte
☺ 3 – 5 Punkte
☹ 0 – 2 Punkte

LÖSUNGEN → S. 120

G Wenn ich keine Familie hätte ... Irreale Bedingungen: Ergänzen Sie die Verben.

a Wenn ich keine Familie hätte, ... ich mich für ein Gemeinschaftsprojekt .... (haben / sich interessieren)
b Wenn wir von überall arbeiten .... , ... wir aufs Land .... (können / ziehen)
c Wenn Martin Rentner .... , dann .... er mehr Zeit für seine Hobbys. (sein / haben)

...... / 5 Punkte
3 – 5 Punkte
0 – 2 Punkte

K Ein Gespräch zusammenfassen. Ergänzen Sie.

Bei uns war die F .... (a), ob wir im Urlaub zelten gehen. Wir haben lange darüber g .... (b), wie wichtig das Wetter ist. Ziemlich e .... (c) waren wir uns in dem Punkt, dass Camping bei Regen wirklich schrecklich ist. M .... (d) haben gesagt, dass sie im Zelt nicht so gut schlafen. Nur eine Person, n .... (e) Sarah, würde am liebsten immer draußen übernachten. I .... (f) kann man sagen, dass unsere Gruppe im Urlaub lieber im Hotel oder in einem Ferienhaus wohnt.

...... / 6 Punkte
4 – 6 Punkte
0 – 3 Punkte

LEKTION 06

W Was passt? Ordnen Sie zu.

sammeln ~~planen~~ umsetzen verwirklichen eingehen wagen

a ein Projekt planen
b etwas Neues ....
c eine Idee ....
d Erfahrungen ....
e einen Traum ....
f ein Risiko ....

...... / 5 Punkte
3 – 5 Punkte
0 – 2 Punkte

G Das ist doch egal! Schreiben Sie Sätze mit *obwohl*.

Ansgar reist durch die Welt, ...
a Er hat nicht viel Geld.
b Er kann nicht so gut Englisch sprechen.
c Er hatte am Anfang große Angst.
d Seine Familie hat sich ziemlich über seine Pläne aufgeregt.

a ..., obwohl er ...

...... / 4 Punkte
3 – 4 Punkte
0 – 2 Punkte

K Das wird schon gut gehen! Ordnen Sie zu.

⬡ bin ich sehr zuversichtlich ⬡ dass es gelingen wird ⬡ bin mir nicht sicher ⬡ kann gut verstehen ⬡ bezweifle

- Eine Weltreise ohne Geld? Also, ich (1), ob das klappt, denn ohne Geld bekommt man keine Unterkunft.
- Das wird schon gut gehen! Da (2)!
- Also, ich (3), dass man ohne Geld weit kommt.
- Oft trifft man unterwegs hilfsbereite Leute. Ich bin sicher, (4).
- Ich (5), dass manche Menschen so ein Abenteuer aufregend finden, aber für mich wäre das nichts!

...... / 5 Punkte
3 – 5 Punkte
0 – 2 Punkte

LÖSUNGEN → S. 120

Sätze und Satzverbindungen

Konnektoren *damit* und *um ... zu* L04

Hauptsatz	Nebensatz			
				Ende
Menschen brauchen tatsächlich lange,	damit	sie	auf eine alte Gewohnheit	verzichten.
= Menschen brauchen tatsächlich lange,	um		auf eine alte Gewohnheit	zu verzichten.
Ich hole meine Tochter jeden Tag von der Schule ab,	damit ~~um~~ zu	sie	nicht allein	nach Hause gehen muss.

Konjunktiv II der Gegenwart mit *wenn*-Satz L05

reale Situation	irreale Bedingung / Vorstellung
Nils hat Kinder.	Wenn ich keine Kinder hätte, wäre ich wieder in Berlin.
Die Gemeinschaft hat nicht so viel Geld.	Wenn wir mehr Geld hätten, könnten wir mehr Handwerker:innen bezahlen.
Britta ist 67 Jahre alt.	Wenn ich noch einmal 40 wäre, würde ich nur noch halbtags arbeiten.

Konnektor *obwohl* L06

Hauptsatz	Nebensatz		
			Ende
Vor vier Jahren bin ich nach Deutschland gekommen,	obwohl	ich kein Wort Deutsch	konnte.
Immerhin bin ich schon 73,	obwohl	ich mich gar nicht so	fühle.

Wortbildung

Nomen + *n* + Nomen / Nomen + *s* + Nomen L05

Nomen + n + Nomen	Nomen + s + Nomen
◆ die Toilette + ◆ das Papier = ◆ das Toilettenpapier	◆ der Geburtstag + ◆ der Kuchen = ◆ der Geburtstagskuchen

eine Präsentation einleiten / halten L04

Ich spreche über ...
Ich erzähle euch jetzt etwas über ...
Zuerst möchte ich über ... reden, dann über ...
Es geht um (das Thema) ...

eine Präsentation abschließen L04

Wir kommen zum Schluss. Wir wollten noch sagen ...
Vielen Dank für eure Aufmerksamkeit.
Gibt es / Habt ihr noch Fragen oder Anmerkungen?

Fragen stellen L04

Ich habe noch folgende Frage: ...
Und wie ist das mit ...?
Ich würde gern noch wissen, wie / ob / ...

auf Fragen reagieren L04

Danke! Das ist eine sehr interessante Frage.
Also, das ist so: ...
Dazu kann ich sagen, dass ...
Dazu habe ich leider keine Informationen.

etwas beurteilen L05

🙂	🙁
Warum nicht? Ich finde das super!	Das geht gar nicht!
Das wäre genau das Richtige für mich / ...	Für mich / ... wäre das nichts.

ein Gespräch zusammenfassen L05

Bei uns war die Frage, wie / in welchem Fall / warum ...
Wir haben lange darüber gesprochen, ...
Ziemlich einig waren wir uns in dem Punkt, dass ...
Fast alle / Mehrere / Einige haben gesagt, dass ...
Nur eine Person, nämlich ... / Niemand meint / findet, dass ...
Insgesamt kann man sagen, dass ...

etwas kritisch bewerten L06

Also, ich bin mir nicht sicher, ob das klappt, denn ...
Man muss auch sehen, dass ...
Ich denke, dass das kaum möglich ist, denn ...
Also, ich bezweifle, dass ...

Mut machen L06

Ich bin (absolut) sicher, dass es gelingen wird, denn ...
Ich kann gut verstehen, dass ..., aber ...
Ich bin davon überzeugt, dass das alles gut gehen wird!
Das wird schon gut gehen!
Da bin ich sehr zuversichtlich!

07

Allein unterwegs

2 🔊 01

1 Ich brauche doch nur ein bisschen Erholung.

a Sehen Sie das Bild und die Profilbilder von Sven und Verena an. Was meinen Sie: Wem von den beiden gehört das Fahrrad? Hören Sie dann die Sprachnachrichten 1 und 2 und vergleichen Sie.

b Hören Sie noch einmal. Was ist richtig? Kreuzen Sie an.

Sven ist beunruhigt, weil seine Mutter …

1 ☒ allein einen Fahrradurlaub machen will.
2 ◯ auf einen anderen Kontinent reisen möchte.
3 ◯ dort nicht nur auf Radwegen fahren kann.
4 ◯ vielleicht im Zelt übernachten möchte.
5 ◯ alles nicht locker genug sieht.

Verena sieht das anders.

1 ◯ Sie braucht ein bisschen Erholung vom Alltag.
2 ◯ Sie will mal allein verreisen und kein Abenteuer erleben.
3 ◯ Sie möchte ohne Reiseführer fahren, das ist mal etwas Neues.
4 ◯ Sven soll sich keine Sorgen machen.

c Machen Sie einen Kursspaziergang und sprechen Sie über die Fragen.

- Wie finden Sie Verenas Plan?
- Was halten Sie von Svens Reaktion?

> Ich weiß nicht, ob es gefährlich ist, allein durch die Toskana zu reisen. Wo ich herkomme, kann man auch als Frau gut allein reisen. Und es gibt tolle Radwege!

LERNZIELE

HÖREN: Sprachnachrichten, Radiointerview **LESEN:** Ankündigung Radiosendung, Reiseforum
KOMMUNIKATION: über Erfahrungen berichten: *Ich habe viele Erfahrungen mit … gemacht.*
LESEN / SCHREIBEN: Kleinanzeigen **WÖRTER:** Rund ums Reisen **GRAMMATIK:** Adjektivdeklination mit Nullartikel: *beste Tipps* • Wortbildung: Nomen + *chen: das Häuschen*

2 Unterwegs AB 1

a Fragespiel: Sehen Sie das Bildlexikon an und spielen Sie dann zu dritt. → S. 99

b Berichten Sie im Kurs über interessante Antworten.

> Miguel hat auf der Zugfahrt in seine Heimatstadt seine Frau kennengelernt.

3 Interview „Allein reisen“

a Lesen Sie die Ankündigung zur Radiosendung und sprechen Sie im Kurs: Wer ist schon einmal allein verreist oder würde das gern mal machen?

www.reisemagazin.de

PROGRAMM MUSIK NACHRICHTEN MEDIATHEK EVENTS

14:30 „DAS REISEMAGAZIN“

Mit Volker Lahrmann

Ein Thema heute: „Allein reisen“.
Wussten Sie, dass 80 Prozent aller erwachsenen Deutschen schon mindestens einmal in ihrem Leben ganz allein verreist sind?

2 02 **b** Hören Sie das Interview mit Verena. Über welche Themen spricht sie? Kreuzen Sie an.

1 ☒ Menschen, die sie kennengelernt hat
2 ◯ wie ihr die Strände gefallen haben
3 ◯ wo sie übernachtet hat
4 ◯ Hilfe, die sie bekommen hat
5 ◯ ob sie Probleme mit dem Alleinsein hatte
6 ◯ was sie gegen Traurigkeit gemacht hat
7 ◯ wie sie ihre Unterkünfte bewertet

2 02 **c** Arbeiten Sie zu zweit. Hören Sie noch einmal und notieren Sie Beispiele und Informationen zu den Themen aus b. Vergleichen Sie Ihre Ergebnisse im Kurs.

> 1 Menschen, die sie kennengelernt hat:
> - Künstlerin aus … / Strand …
> - …

d Was machen Sie gern allein, zu zweit …? Arbeiten Sie zu zweit. → S. 100

4 Reiseforum „HIGHLIGHTS“

Lesen Sie Verenas Beitrag im Reiseforum auf S. 43. Markieren Sie in zwei Farben: Was sind Fakten, was sind Verenas Bewertungen / Erfahrungen? Vergleichen Sie dann im Kurs.

Fakten	Bewertungen/Erfahrungen
Hafen: viele Cafés und Restaurants	Cafés und Restaurants = sehr angenehm

◆ die Sehenswürdigkeit

◆ die Übernachtung

◆ die Unterkunft

◆ der Reiseführer

www.reiseforum-highlights.de

UNSER REISEFORUM „HIGHLIGHTS“
Von Reisenden für Reisende

BERICHTE TIPPS DISKUSSIONEN

Welcher Ort ist DEIN Highlight?

Porto Santo Stefano *Verena_B, 31. November*

Wenn ich an Porto Santo Stefano denke, dann fällt mir sofort der alte Hafen ein. Dort gibt es viele Cafés und Restaurants. Das fand ich sehr angenehm. Weniger schön fand ich die großen Luxusjachten. Die passen einfach nicht zu dem einfachen, normalen Leben in dieser Stadt. Insgesamt fühlte ich mich in Porto Santo Stefano aber sehr wohl.
Die kleine Stadt liegt ungefähr 40 Kilometer südlich von Grosseto auf der Halbinsel Monte Argentario. Von hier aus kann man mit einer Fähre auf die wunderschöne Insel Giglio fahren.
Besonders gefallen haben mir auch die vielen herrlichen Sandstrände in der Nähe von Porto Santo Stefano. Im Oktober ist man dort fast ganz allein! Um diese Jahreszeit in der südlichen Toskana: Ein Urlaub könnte nicht schöner sein!

Blick über den alten Hafen von Porto St. Stefano, Italien

5 Mein Forumsbeitrag AB 2–5

a Einen Forumsbeitrag vorbereiten. Arbeiten Sie zu zweit. → S. 101

Extra

Film

b Schreiben Sie nun für das Reiseforum „HIGHLIGHTS“ einen Beitrag über „Ihre“ Stadt. Verwenden Sie Ihre Notizen aus **a** und die Sätze aus dem Kasten. Hängen Sie Ihren Text im Kursraum auf.

Ich habe viele Erfahrungen mit ... gemacht.	Insgesamt fühlte ich mich in ... sehr wohl / nicht so wohl.
Ich habe (zum Beispiel) bemerkt, dass ...	Insgesamt ging es mir ...
Wenn ich an ... denke, dann fällt mir ... ein.	Besonders gefallen hat / haben mir ...
Das fand ich sehr angenehm / etwas enttäuschend.	... könnte nicht besser / schöner sein!
Das war sehr schön für mich, weil ...	Das hat (fast) immer gut geklappt.
Weniger schön / gut fand ich ...	

Ich war vor drei Wochen zum ersten Mal in Lüneburg. Lüneburg ist eine sehr hübsche Stadt, die ca. 50 Kilometer von Hamburg entfernt liegt. Besonders gefallen hat mir die Altstadt, dort ... Und die Universität könnte nicht schöner sein! Das Zentralgebäude hat ... Weniger gut fand ich ... Insgesamt ging es mir aber in Lüneburg einfach nur gut!

Ana, 20. Juli

c Machen Sie einen Kursspaziergang. Wohin würden Sie gern reisen? Lesen Sie die Beiträge und stellen Sie Fragen. Sagen Sie auch, ob und warum Sie die Stadt gern besuchen würden.

Ana, du schreibst, dass du die Uni schön findest. Warum gefällt sie dir?

◆ das Souvenir

◆ die Touristin / ◆ der Tourist

◆ die Erholung

◆ das Abenteuer

◆ die Reisebegleitung

6 Kleinanzeigen AB 6–11

a Überfliegen Sie die Anzeigen. Bei welcher Anzeige würden Sie auf „mehr" klicken?

> Ich würde auf die Anzeige mit dem Koffer klicken. Ich liebe Reisekoffer, die alt sind!

> Und ich interessiere mich für das Online-Reisemagazin. Ich lese sehr gern Reisereportagen.

www.reisemarkt.de

POSTFACH SUCHEN MEHR

Reisemarkt

Suche erfahrene Reisebegleitung mit guten Englischkenntnissen. mehr
Nachricht Anrufen

Verschenke alten Reisekoffer aus braunem Leder. mehr

Nachricht Anrufen

Kleines Ferienhäuschen in toller Lage in Nord-Schweden zu vermieten. mehr

Nachricht Anrufen

Beste Tipps für Ihren Urlaub! UNTERWEGS! Ihr Online-Reisemagazin! mehr
Nachricht Anrufen

Bekannter Reiseverlag sucht innovative Autorinnen und Autoren. mehr
Nachricht Anrufen

Suche gebrauchten Campingbus, gern mit kleiner Küche! mehr
Nachricht Anrufen

G

Nomen + chen

 das Haus →  das Häuschen

 der Koffer →  das Köfferchen

b Lesen Sie die Anzeigen noch einmal und ergänzen Sie die Tabelle.

G

	◆ maskulin	◆ neutral	◆ feminin	◆ Plural
Nominativ	bekannt*er* Verlag	klein ... Häuschen	nette Frau	best ... Tipps
Akkusativ	alt ... Koffer	kleines Auto	erfahren ... Begleitung	innovativ ... Autoren
Dativ aus / in / mit / ...	großem Hund	braun ... Leder	toll ... Lage	gut ... Kenntnissen

c Arbeiten Sie zu zweit. Wählen Sie zwei Rubriken und schreiben Sie zwei Anzeigen mit vielen Adjektiven.

Reise · Stellenmarkt · Tiermarkt · Immobilien · Computer · Sport · Handy · Musik · ... · Bekleidung

Suche coole und billige Wohnung in ...

d Arbeiten Sie mit einem anderen Paar und tauschen Sie die Anzeigen. Die anderen entscheiden: In welche Rubrik gehört Ihre Anzeige?

SCHNELLTEST LEKTION 07 → S. 53

08

„Soziales Pflichtjahr“, ja oder nein?

1 Ich bin absolut überzeugt, dass ...

a Sehen Sie das Bild an und lesen Sie die Ankündigung zur Radiosendung. Was meinen Sie: Was ist ein Soziales Pflichtjahr? Sprechen Sie zu zweit.

> Hmm, was bedeutet denn „Pflicht“?

> Dass man etwas machen muss.

2 ◀)) 03 **b** Hören Sie dann die Radiosendung. Was ist richtig? Kreuzen Sie an.

1 ○ Hannah Dravić ist dafür, dass die Menschen mehr gemeinschaftlich denken und handeln.

2 ○ Sie ist der absoluten Überzeugung, dass sich die Menschen ohne ein Gesetz nicht freiwillig engagieren.

3 ○ Sie ist für ein Pflichtjahr in der Schulzeit.

2 ◀)) 03 **c** Hören Sie noch einmal. Welche Beispiele für soziales Engagement nennt Hannah Dravić? Kreuzen Sie an.

1 ○ Umweltschutz   2 ○ Arbeit in der Schule   3 ○ Kinderbetreuung   4 ○ Altenpflege

d Kennen Sie ein Freiwilliges Soziales Jahr oder ein Soziales Pflichtjahr? Sprechen Sie zu zweit.

> In Deutschland gibt es doch das FSJ, das Freiwillige Soziale Jahr. Man arbeitet zum Beispiel in einem Kindergarten oder ...

LERNZIELE

HÖREN: Radiointerview **KOMMUNIKATION:** die Meinung sagen: *Ich bin ziemlich sicher, dass ...*
LESEN: Forumsbeiträge **KOMMUNIKATION:** zustimmen: *Das sehe ich auch so.* • widersprechen: *Das sehe ich völlig anders.* • um das Wort bitten: *Darf ich direkt etwas dazu sagen?* • sich nicht unterbrechen lassen: *Lass mich bitte kurz ausreden.* **WÖRTER:** Politik und Gesellschaft **GRAMMATIK:** Infinitiv mit *zu*: *Ich versuche, die Umwelt zu schützen.*

2 Meiner Meinung nach ... AB 1

a Was passt? Ordnen Sie zu.

~~Ich bin ziemlich sicher, dass~~ ... | Meiner Meinung / Ansicht nach ... | Ich bin absolut der Überzeugung, dass ... | Ich bin der Meinung / Ansicht, dass ...

K

+	++	+++
	Ich bin ziemlich sicher, dass ...	

b Arbeiten Sie in Gruppen. Wovon sind Sie überzeugt? Notieren Sie ein bis zwei Themen und ein bis zwei Argumente. Halten Sie dann eine „Sekundenrede" in der Gruppe. Sie haben 40 Sekunden Zeit. Verwenden Sie die Ausdrücke aus a.

ES GIBT UFOS  !

Grammatik ist doof!

Frauen sind klüger als Männer!

Man darf keine Fliegen töten!

Bald werden alle auf dem Mond Urlaub machen!

Chips zum Frühstück sind gesund und lecker!

...

Es gibt UFOs!
– schon eins gesehen
– komische Wolken

Ich bin absolut der Überzeugung, dass es UFOs gibt. Erst letzte Woche habe ich eins gesehen. Ich ...

3 So haben unsere Hörerinnen und Hörer reagiert. AB 2

a Überfliegen Sie die Beiträge. Wer ist für (+) und wer ist gegen (–) ein Soziales Pflichtjahr? Ergänzen Sie + oder –. Hilfe finden Sie auch im Bildlexikon.

www.radiom2.com

„Soziales Pflichtjahr, ja oder nein?" Diese Frage stellte Frank Möller heute in unserer Sendung „KURZ GESAGT" der bekannten Sozialpolitikerin Hannah Dravić. Und so haben unsere Hörerinnen und Hörer darauf reagiert:

RADIO M2

1

○ **Charlotte L.**

Ein Soziales Pflichtjahr finde ich gar nicht so schlecht. Ich habe mich nach der Schule für ein Freiwilliges Soziales Jahr in einem Kindergarten entschieden. Dabei habe ich sehr viel gelernt. Zum Beispiel, wie soziale Einrichtungen funktionieren, wie man in einem Team arbeitet, wie man Konflikte löst und so weiter. Man muss wirklich keine Angst haben, so etwas zu machen. Ich habe immer Spaß dabei, etwas Neues zu lernen!

2

○ **Julius K.**

Es soll eine Pflicht für junge Leute werden, nach der Schule soziale Arbeit zu machen? Echt jetzt? Mal eine Frage: Haben die älteren Leute denn selbst sozial gearbeitet in den letzten Jahrzehnten? Nöö, im Gegenteil: Mit ihrer Ego-Politik haben sie die Welt kaputt gemacht! Ich bin Klimaaktivist und versuche, die Umwelt zu schützen. Und dazu soll ich jetzt auch noch einen Sozialen Pflichtdienst machen? Hmm! Es ist echt nicht leicht für mich, das zu verstehen.

W

◆ die Bürgerin /
◆ der Bürger

◆ das Gesetz

◆ die Politik

◆ der Staat

◆ die Gesellschaft

3

Artemis B.

So wie es jetzt ist, finde ich das Freiwillige Soziale Jahr nicht gut genug. Ich würde raten, es für die jungen Leute attraktiver zu machen. Man könnte damit anfangen, ein Bonus-System anzubieten: Wer ein Freiwilliges Soziales Jahr macht, bekommt danach schneller einen passenden Ausbildungs- oder Studienplatz. Und ich würde auch empfehlen, das Soziale Jahr besser zu bezahlen. Wenn wir das so organisieren, brauchen wir kein Soziales Pflichtjahr!

4

Hubertus S.

Ein Soziales Pflichtjahr für junge Leute? Oh ja, das finde ich super, wenn die jungen Bürgerinnen und Bürger endlich auch mal was tun müssen! Aber man hört ja jetzt schon, dass viele von ihnen überhaupt keine Lust haben, Gemeinschaftsarbeit für den Staat zu machen. Dabei wäre das wirklich eine gute Vorbereitung für das Berufsleben!

b Arbeiten Sie in zwei Gruppen. Lesen Sie die Beiträge noch einmal und suchen Sie die Argumente im Text. Gruppe 1 notiert alle Argumente für und Gruppe 2 alle Argumente gegen ein Soziales Pflichtjahr.

1 pro: Soziales Pflichtjahr
– Man lernt sehr viel. Beispiele: ...

2 kontra: Soziales Pflichtjahr
– Warum junge Leute? Die älteren Leute ...

c Suchen Sie eine Partnerin / einen Partner aus der anderen Gruppe. Sprechen Sie über die Argumente und diskutieren Sie: Welche Argumente finden Sie richtig, welche nicht?

- In einem Sozialen Pflichtjahr lernt man sehr viel. Zum Beispiel ... Das Argument finde ich gut.
- Hm, ich bin nicht so sicher. Ich habe auch eine Freundin, die im Sozialen Jahr nur gearbeitet und nichts gelernt hat.

4 Man muss wirklich keine Angst haben, so etwas zu machen. AB 3 – 5

a Lesen Sie die Beiträge in 3a noch einmal und markieren Sie alle Wörter, die einen Satz mit einem Infinitiv mit *zu* einleiten. Ergänzen Sie dann die Tabelle.

G

Infinitiv mit *zu*	
nach bestimmten Verben (*versuchen*, ...)	Ich ...., die Umwelt zu schützen. (Z. 10 – 11) versuchen,
abstrakte Nomen + *haben*	Man muss wirklich ...., so etwas zu machen. (Z. 5 – 6) (keine) Angst haben,
Konstruktionen mit *es*	.... für junge Leute ...., nach der Schule soziale Arbeit zu machen? (Z. 7 – 8) es soll eine Pflicht werden,

b Satzkarussell. Arbeiten Sie zu viert. → S. 102

die Aktivistin / der Aktivist

die Pflicht

freiwillig

sozial

ökologisch

5 Ich bin ganz deiner Meinung. AB 6–7

Lesen Sie die Sätze. Leider stimmt die Zuordnung manchmal nicht. Ordnen Sie neu und schreiben Sie die Sätze in die richtige Spalte.

K

zustimmen	widersprechen
Das sehe ich auch so.	Da bin ich mir aber nicht so sicher.
Da hast du recht.	Ich bin ganz deiner Meinung.
~~Das sehe ich völlig anders.~~	Da muss ich widersprechen.
Das kann ich mir gut vorstellen.	Das sehe ich völlig anders.
Da bin ich ganz anderer Meinung.	
Versteh mich nicht falsch, aber …	
um das Wort bitten	**sich nicht unterbrechen lassen**
Darf ich direkt etwas dazu sagen?	Entschuldigung, wenn ich unterbreche, aber …
Lass mich bitte kurz ausreden.	Einen Moment bitte, ich möchte nur noch kurz sagen …
Ich möchte dazu etwas ergänzen.	

6 Diskussionsrunde: Pro und kontra Soziales Pflichtjahr

a Lesen Sie die Rollenkarten und wählen Sie eine Rolle. Suchen Sie dann andere Personen mit der gleichen Rolle und bilden Sie eine Gruppe.

1

Sie haben letztes Jahr ein Freiwilliges Ökologisches Jahr in einer Umweltorganisation gemacht. Sie finden, dass das keine gute Erfahrung war und hätten lieber eine lange Reise gemacht. Deshalb sind Sie gegen ein Soziales oder Ökologisches Pflichtjahr.

2

Sie haben gerade Ihr Abitur gemacht und möchten Architektur studieren. Sie sind für ein Soziales Pflichtjahr. Sie selbst möchten auch nicht gleich studieren, sondern erst einmal etwas ganz anderes machen.

3

Sie leiten einen Kindergarten. Sie brauchen dringend junge Leute, die Sie bei der Arbeit mit den Kindern unterstützen. Aber es ist nicht so leicht, Freiwillige zu finden, deshalb sind Sie für ein Soziales Pflichtjahr.

4

Sie sind Bürgermeisterin in einer kleinen Stadt. Sie finden es toll, wenn junge Leute sich engagieren, aber Sie sind der Ansicht, dass soziales Engagement auch weiterhin freiwillig sein sollte.

b Diskussionsrunde: Arbeiten Sie in Gruppen. → S. 103

SCHNELLTEST LEKTION 08 → S. 53

09

Trotzdem eine super Erfahrung!

2 🔊 04 **1 Weihnachten ohne Plätzchen – geht gar nicht!**

a Sehen Sie den Bildschirm an und sammeln Sie Fragen im Kurs. Hören Sie dann das Gespräch. Welche Antworten auf Ihre Fragen gibt es im Hörtext?

– *Wo ist Michi?*
– ...

b Lesen Sie die Zusammenfassung und korrigieren Sie die markierten Informationen im Text. Hören Sie dann noch einmal und vergleichen Sie. Was ist falsch?

> Michi ist gerade zum Studium in ~~China~~ *Chile*, deswegen backt er mit seinen Freundinnen dieses Jahr online Plätzchen. Die Plätzchenformen hat er von seiner Schwester zum Geburtstag bekommen. Auf Glühwein hat Michi gerade keine Lust, weil es zu früh ist. Die Freundinnen können sich gar nicht vorstellen, dass bei ihm an Weihnachten Frühling ist. Aber Michi ist die Jahreszeit egal. Am Ende fragt er, ob die Freundinnen seinen Bericht über das Auslandssemester schreiben können.

c Haben Sie schon einmal eine gemeinsame Aktivität online gemacht? Mit wem? Warum? Erzählen Sie in der Gruppe.

> Meinen letzten Geburtstag habe ich online gefeiert. Ich war hier in Salzburg und mein Bruder in Seattle ...

LERNZIELE

HÖREN: Video-Telefonat **LESEN:** Abschlussbericht mit Kommentaren **KOMMUNIKATION / SCHREIBEN:** eine (halb-)formelle E-Mail schreiben: *Sehr geehrte Frau ...* • sich höflich entschuldigen: *Es tut mir leid, aber ...* • etwas begründen: *Wegen ...* • Alternativen vorschlagen: *Wäre das für Sie in Ordnung?* • weitere Fragen stellen: *Außerdem wollte ich Sie fragen, ...* • sich bedanken: *Vielen Dank für ...* **WÖRTER:** Rund ums Studium **GRAMMATIK:** Präpositionen *wegen / trotz* + Adjektivdeklination im Genitiv: *wegen / trotz der netten Mitbewohner*

2 Vielen Dank, dass du meinen Text durchliest!

a Überfliegen Sie den Abschlussbericht und die Kommentare in **b**.
Was ist richtig? Kreuzen Sie an.

Michi hat ◯ erst einen Teil des Berichts ◯ schon den ganzen Bericht geschrieben.
Er hat den Text ◯ vielen Freunden ◯ nur Noemi zum Lesen gegeben.

b Lesen Sie den Punkt 2.1 „Sprachliche Voraussetzungen“. Was ist richtig?
Kreuzen Sie an. Hilfe finden Sie im Bildlexikon.

1 ◯ In Chile wollte Michi auch sprachliche Fortschritte machen.
2 ◯ Er hat Veranstaltungen auf Spanisch und Englisch besucht.
3 ◯ Seine Sprachkenntnisse aus Deutschland haben ausgereicht.
4 ◯ Michi findet, dass er viel gelernt hat.
5 ◯ Man sollte sich schon vor der Reise sprachlich vorbereiten.

●●● F *K* U

Abschlussbericht:
Auslandssemester im Fach Architektur
an der *Universidad de Chile* (Santiago de Chile)

1. Organisation / Vorbereitung
1.1 Kommunikation mit den Unis
1.2 Visum / Aufenthalt
1.3 Unterkunft

2. Studium
2.1 Sprachliche Voraussetzungen
Ein Ziel des Auslandsaufenthalts war für mich, meine Spanisch-Sprachkenntnisse zu verbessern. Als ich in Santiago angekommen bin, hatte ich das Zertifikat B1 (dieses Niveau wird vom International Office meiner Heimatuniversität empfohlen). Um die Sprache möglichst viel zu hören, habe ich mich nur für Vorlesungen und Seminare auf Spanisch angemeldet. Am Anfang hatte ich wegen de? ungewohnten Dialekt? Schwierigkeiten, die Dozent:innen zu verstehen. Ich musste mich auf die Vorlesungen und Prüfungen auch sprachlich intensiv vorbereiten, hatte dann aber einen doppelten Lernerfolg: im Fach und in der Sprache. Studierenden, die Veranstaltungen auf Spanisch besuchen möchten, würde ich empfehlen, sich bereits in Deutschland eine:n Tandempartner:in aus Chile zu suchen.
2.2 Studienorganisation / Unterrichtsstil
2.3 politische Aktivitäten der Studis / Thema Studiengebühren

3. Leben
3.1 Begrüßungsritual
3.2 Umgang mit Zeit
3.3 Busfahren

4. Freizeit und Reisen

5. Zusammenfassung

1 **Michi:** Liebe Noemi! Noch mal vielen Dank, dass du meinen Text durchliest. Kennst mich ja: Sprache ist nicht so mein Ding 😉

2 **Noemi:** Kannst mir gern die weiteren Punkte schicken, wenn du sie fertig hast! 😚

3 **Michi:** „wegen dem chilenischen Dialekt“ oder „wegen des chilenischen Dialekts“? 🤔

4 **Noemi:** Beides geht. Aber Dativ ist mündlicher. Hier besser mit dem Genitiv, das ist ja ein schriftlicher Bericht. Bei „trotz“ ist es übrigens genauso.

5 **Michi:** Mensch, war das schrecklich! Ich voll stolz auf mein tolles Spanisch, setz mich in spanische Vorlesungen. Hab kein Wort verstanden! Ich war so frustriert!

6 **Michi:** Hier hatte ich zuerst: „Trotz einer intensiven Vorbereitung hatte ich in Vorlesungen und Prüfungen Verständnisprobleme.“ Was findest du besser?

7 **Noemi:** Das mit dem doppelten Lernerfolg. Das ist ja nicht gelogen! In so einem Bericht muss man auch zeigen, dass man die Herausforderungen gut geschafft hat. 😉

◆ der Abschluss

◆ der Bericht

◆ das Fach

◆ die Prüfung

◆ das Semester

c Lesen Sie die Kommentare in **b** auf Seite 50 und machen Sie Notizen zu den Fragen. Vergleichen Sie Ihre Ergebnisse dann mit Ihrer Partnerin / Ihrem Partner.

1 Warum braucht Michi die Hilfe von Noemi?
2 Welche Frage zur Grammatik hat Michi? Was ist Noemis Antwort?
3 Wie hat sich Michi gefühlt, als er wenig verstanden hat?
4 Welches Erlebnis hat Michi im Bericht zuerst anders beschrieben? Was empfiehlt ihm Noemi?

~~Du~~ kennst mich ja: ...
→ Kennst mich ja: ...
~~Du~~ kannst mir gern die weiteren Punkte schicken, ...
→ Kannst mir gern die weiteren Punkte schicken, ...

3 Ein Auslandssemester ist (nicht) für jede/n das Richtige. AB 1–3

a Arbeiten Sie zu viert. ZWISCHENSCHRITT → S. 103

b Würden Sie selbst gern einmal oder wieder ins Ausland gehen? Warum (nicht)? Oder sind Sie gerade im Ausland oder waren Sie schon einmal länger weg? Erzählen Sie.

Ich könnte mir vorstellen, einmal im Ausland zu arbeiten. Da kann ich auch eine neue Sprache lernen.

Als ich in der Schweiz war, ...

4 Heißt es „wegen dem“ oder „wegen des“? AB 4–6

a Lesen Sie die Sätze. Wie kann man es anders sagen? Kreuzen Sie an.

1 Wegen des ungewohnten Dialekts hatte er Schwierigkeiten, die Dozent:innen zu verstehen. ○ Obwohl ○ Weil der Dialekt ungewohnt war, hatte er ...
2 Trotz einer intensiven Vorbereitung hatte er in Vorlesungen Verständnisprobleme. ○ Obwohl ○ Weil Michi sich intensiv vorbereitet hat, hatte er ...

G

	+ Genitiv
wegen / trotz	◆ des / eines ungewohnten Dialekts
	◆ des / eines schlechten Seminars
	◆ der / einer intensiven Vorbereitung
	◆ der netten / – netter Mitbewohner

!
In der Umgangssprache benutzt man auch den Dativ, z. B.: wegen dem / einem ungewohnten Dialekt

b Arbeiten Sie in Gruppen. Schreiben Sie für ein Werbeplakat Sprüche mit *wegen* oder *trotz*.

das spannende Abenteuer
~~die interkulturelle Erfahrung~~
das große Heimweh
die hohen Kosten
die internationalen Kontakte
die vielen Pluspunkte für den Lebenslauf
die komplizierte Vorbereitung
die persönliche Herausforderung

◆ das Seminar

◆ die Studiengebühren

◆ die Vorlesung

◆ das Zertifikat

5 Sehr geehrter Herr Fleiter, … AB 7

a Lesen Sie die E-Mail und fassen Sie kurz zusammen: Wer schreibt an wen und warum?

krenski@international-office.tud.de
Ihr Bericht über das Auslandssemester

Sehr geehrter Herr Fleiter,
ich hoffe, Sie hatten einen angenehmen Aufenthalt an der Universität in Santiago. Bitte denken Sie daran, dass Sie einen Monat nach Abschluss des Auslandsaufenthalts einen Bericht über das Auslandssemester abgeben sollten. So können wir Ihre Erfahrungen direkt an die Studierenden weitergeben, die im nächsten Semester nach Chile reisen.
Wenn Sie noch Fragen haben, können Sie sich immer gern an mich wenden.
Mit freundlichen Grüßen
Beate Krenski

b Lesen Sie Michis E-Mail. Was schlägt er vor? Worum bittet er? Sprechen Sie. Lesen Sie dann die E-Mail noch einmal und ergänzen Sie die Kästen.

An: Absender: krenski@international-office.tud.de
AW: Ihr Bericht über das Auslandssemester

Sehr geehrte Frau Krenski,
vielen Dank für Ihre E-Mail. Wegen eines Praktikums, das ich direkt nach dem Auslandssemester gemacht habe, konnte ich den Bericht leider noch nicht fertig schreiben. Ich kann ihn voraussichtlich Ende Mai an Sie schicken. Wäre das für Sie in Ordnung?
Ich hätte noch eine weitere Frage: Für meine Versicherung brauche ich eine Bestätigung, dass ich im letzten Semester im Ausland studiert habe. Können Sie mir so eine Bestätigung schicken?
Besten Dank im Voraus!
Mit freundlichen Grüßen
Michael Fleiter

K

eine (halb-)formelle E-Mail schreiben	sich höflich entschuldigen	etwas begründen
Anrede: Sehr ………… … , … Sehr geehrter Herr … , … Sehr geehrte Damen und Herren, …. **Schluss:** Mit ………… Grüßen	… leider … Es tut mir leid, aber …	Wegen … … , weil … … Deshalb …

K

Alternativen vorschlagen	weitere Fragen stellen	sich bedanken
Ich kann … voraussichtlich … Wäre das ………… ………… ? Ich könnte … Wäre das möglich?	Ich hätte ………… ………… : …? Außerdem wollte ich Sie fragen, ob / wann …	Vielen Dank für … Besten Dank (im Voraus)!

c Eine (halb-)formelle E-Mail schreiben. Arbeiten Sie zu zweit. → S. 105

SCHNELLTEST LEKTION 09 → S. 54
Magazin Lektion 07, 08, 09 → S. 78

LEKTION 07

W So einen Urlaub möchte ich nicht machen! Ergänzen Sie.

In einer teuren Unterk .... (a) wohnen, jeden Tag 15 Sehensw .... keiten (b) besichtigen, in S .... irläden (c) Geschenke kaufen und überall andere T .... nen (d) und T .... en (e) treffen – puh, all das will ich nicht! So eine Art der Erh .... (f) brauche ich wirklich nicht. Ich bleibe lieber zu Hause!

..... / 6 Punkte
☺ 4 – 6 Punkte
☹ 0 – 3 Punkte

G Kleinanzeigen. Ergänzen Sie die Endungen.

a Verschenke gebraucht*en* Rollkoffer aus schwarz..... Leder.

b Klein..... Ferienhäuschen in ruhig..... Lage im Bayerischen Wald gesucht!

c Fröhlich..... Frau mit klein..... Kind (4 Jahre) sucht nett..... Reisebegleitung (w) mit gut..... Spanischkenntnissen für aufregend..... Reise nach Chile.

..... / 8 Punkte
☺ 5 – 8 Punkte
☹ 0 – 4 Punkte

K Was bedeuten die kursiven Satzteile? Ordnen Sie zu.

⬡ fand ich sehr angenehm ⬡ war es sehr schön für mich ⬡ weniger gut ⬡ bemerkt

- ○ Wie war denn dein Wochenende in Wien? So ganz allein?
- □ Oh, insgesamt *habe ich mich sehr wohlgefühlt* (1).
- ○ Und was hast du so den ganzen Tag gemacht?
- □ Nach dem Frühstück habe ich mir die Stadt angesehen. Ich habe *die Erfahrung gemacht* (2), dass ich gern allein ins Museum gehe. In einer Ausstellung habe ich ein nettes Paar kennengelernt. Wir waren dann zusammen mittagessen. Das *war sehr schön für mich* (3).
- ○ Ach, dann war das Wochenende ja perfekt!
- □ Ja, nur das Hotel fand ich *etwas enttäuschend* (4). Es war sehr laut dort.

..... / 4 Punkte
☺ 3 – 4 Punkte
☹ 0 – 2 Punkte

LEKTION 08

W Gemeinschaftsarbeit und Engagement. Ergänzen Sie.

- ○ Es sollte eine Pfli .... (a) für alle Bür .... innen (b) und .... er (c) sein, ein So .... es (d) oder Öko .... es (e) Jahr zu machen!
- □ Ich bin Klimaak .... in (f) und engagiere mich dafür, dass sich unsere Ges .... ft (g) ändert. Warum kann das Soziale Jahr nicht einfach frei .... (h) bleiben? Ich zum Beispiel mache schon viel für die Gemeinschaft!

..... / 8 Punkte
☺ 5 – 8 Punkte
☹ 0 – 4 Punkte

G Infinitiv mit *zu*. Was passt? Kreuzen Sie an.

a Wir müssen die Welt ○ zu verbessern. ○ verbessern.

b Es ist nie zu spät, damit ○ anzufangen. ○ anfangen.

c Ihr müsst keine Angst haben, etwas ○ zu verändern. ○ verändern.

d Alle sollten sich für etwas ○ zu engagieren. ○ engagieren.

e Wir empfehlen euch, etwas für die Umwelt ○ zu tun. ○ tun.

..... / 5 Punkte
☺ 3 – 5 Punkte
☹ 0 – 2 Punkte

LÖSUNGEN → S. 120

1 Was passt: die Meinung sagen 😐, zustimmen 🙂 oder widersprechen ☹?
Zeichnen Sie 😐 🙂 ☹.

Ich bin der Ansicht, dass … | Da bin ich ganz anderer Meinung. | Da muss ich widersprechen. | Ich bin absolut der Überzeugung, dass … | Das sehe ich auch so. | Das sehe ich völlig anders. | Da hast du recht. | Ich bin ganz deiner Meinung. | Ich bin ziemlich sicher, dass …

2 Ergänzen Sie.

- Und deshalb sollten wir …
- Entschuldigung, wenn ich ______ (a), aber ich finde …
- Lass mich bitte kurz ______ (b).

____ / 11 Punkte
6 – 11 Punkte
0 – 5 Punkte

LEKTION 09

Rund ums Studium: Ordnen Sie zu. Zwei Wörter passen nicht.

Abschluss | Bericht | Fach | Semester | Seminar | Studiengebühren | Vorlesungen | Zertifikat

a ○ Hast du studiert?
□ Ja, ich habe einen Bachelor-______ im ______ Biologie.

b ○ Dieses ______ besuche ich zwei Kunst-______. Und du?
□ Ich möchte die Englischprüfung schaffen! Das ______ brauche ich für mein Auslandssemester.

c ○ Arbeitest du eigentlich neben dem Studium?
□ Ja klar, ich muss ja die ______ bezahlen.

____ / 6 Punkte
4 – 6 Punkte
0 – 3 Punkte

Mein Auslandssemester.

Kreuzen Sie an und ergänzen Sie die fehlenden Endungen.

a ○ Wegen ○ Trotz d____ groß____ Heimwehs bin ich froh über meine Zeit im Ausland.

b ○ Wegen ○ Trotz d____ intensiv____ Vorbereitung hatte ich ab dem ersten Tag eine Unterkunft.

c ○ Wegen ○ Trotz d____ international____ Kontakte würde ich allen ein Auslandssemester empfehlen.

____ / 9 Punkte
5 – 9 Punkte
0 – 4 Punkte

Eine (halb-)formelle E-Mail schreiben: Sortieren Sie.

(7) Roberta Ponte
( ) Ich könnte ihn in den Semesterferien schreiben. Wäre das für Sie in Ordnung?
( ) Besten Dank im Voraus!
( ) wegen eines längeren Krankenhausaufenthalts konnte ich leider den Bericht über mein Praktikum noch nicht abgeben.
( ) Mit freundlichen Grüßen
( ) Sehr geehrter Herr Mitsakis,
( ) Außerdem wollte ich Sie fragen, ob ich die Prüfung im nächsten Semester wiederholen kann.

____ / 6 Punkte
4 – 6 Punkte
0 – 3 Punkte

LÖSUNGEN → S. 120

Adjektive

Adjektivdeklination mit Nullartikel L07

	maskulin	neutral	feminin	Plural
Nominativ	bekannter Verlag	kleines Haus	nette Frau	beste Tipps
Akkusativ	alten Koffer	kleines Auto	erfahrene Begleitung	innovative Autoren
Dativ aus / in / mit / ...	großem Hund	braunem Leder	toller Lage	guten Kenntnissen

Präpositionen

Kausale Präposition *wegen* und konzessive Präposition *trotz* mit Genitiv L09

	+ Genitiv
wegen / trotz	des / eines ungewohnten Dialekts
	des / eines schlechten Seminars
	der / einer intensiven Vorbereitung
	der netten / - netter Mitbewohner

! *In der Umgangssprache benutzt man auch den Dativ, z. B.: wegen dem / einem ungewohnten Dialekt*

Sätze und Satzverbindungen

Infinitiv mit *zu* L08

Infinitiv mit ***zu***	
nach bestimmten Verben (*versuchen, ...*)	Ich **versuche**, die Umwelt zu schützen. Ich würde **raten**, es für die jungen Leute attraktiver zu machen. Man könnte damit **anfangen**, ein Bonus-System anzubieten. Ich würde auch **empfehlen**, das Soziale Jahr besser zu bezahlen.
abstrakte Nomen + *haben*	Man muss wirklich keine **Angst haben**, so etwas zu machen. Ich **habe** immer **Spaß dabei**, etwas Neues zu lernen. Man hört ja jetzt schon, dass viele junge Leute keine **Lust haben**, Gemeinschaftsarbeit zu machen.
Konstruktionen mit *es*	**Es** soll eine Pflicht für junge Leute werden, nach der Schule soziale Arbeit zu machen? **Es** ist nicht leicht für mich, das zu verstehen.

Wortbildung

Nomen + *chen* L07

Nomen + chen	 das Haus →	 das Häuschen
	 der Koffer →	 das Köfferchen

über Erfahrungen berichten L07

Ich habe viele Erfahrungen mit ... gemacht.
Ich habe (zum Beispiel) bemerkt, dass ...
Wenn ich an ... denke, dann fällt mir ... ein.
Das fand ich sehr angenehm / etwas enttäuschend.
Das war sehr schön für mich, weil ...
Weniger schön / gut fand ich ...

Insgesamt fühlte ich mich in ... sehr wohl / nicht so wohl.
Insgesamt ging es mir ...
Besonders gefallen hat / haben mir ...
... könnte nicht besser / schöner sein!
Das hat (fast) immer gut geklappt.

die Meinung sagen L08

+	++	+++
Meiner Meinung / Ansicht nach ... Ich bin der Meinung / Ansicht, dass ...	Ich bin ziemlich sicher, dass ...	Ich bin absolut der Überzeugung, dass ...

zustimmen L08

Das sehe ich auch so.
Da hast du recht.
Das kann ich mir gut vorstellen.
Ich bin ganz deiner Meinung.

widersprechen L08

Da bin ich mir aber nicht so sicher.
Da muss ich widersprechen.
Das sehe ich völlig anders.
Da bin ich ganz anderer Meinung.
Versteh mich nicht falsch, aber ...

um das Wort bitten L08

Darf ich direkt etwas dazu sagen?
Ich möchte dazu etwas ergänzen.
Entschuldigung, wenn ich unterbreche, aber ...

sich nicht unterbrechen lassen L08

Einen Moment bitte, ich möchte nur noch kurz sagen ...
Lass mich bitte kurz ausreden.

eine (halb-)formelle E-Mail schreiben L09

Anrede:
Sehr geehrte Frau ..., ... / Sehr geehrter Herr ..., ... /
Sehr geehrte Damen und Herren, ...

Schluss:
Mit freundlichen Grüßen

sich höflich entschuldigen L09

... leider ...
Es tut mir leid, aber ...

etwas begründen L09

Wegen ...
..., weil ...
... Deshalb ...

Alternativen vorschlagen L09

Ich kann ... voraussichtlich ...
Wäre das für Sie in Ordnung?
Ich könnte ... Wäre das möglich?

weitere Fragen stellen L09

Ich hätte noch eine weitere Frage: ...?
Außerdem wollte ich Sie fragen, ob / wann ...

sich bedanken L09

Vielen Dank für ...
Besten Dank (im Voraus)!

Wie möchte ich arbeiten?

10

Arbeiten, nur um Geld zu verdienen? Das genügt mir nicht. (Hannes Beck)

1 Darauf bin ich wirklich stolz!

a Wie möchten Sie arbeiten und was ist Ihnen wichtig? Lesen Sie die Antworten auf allen Kärtchen, entscheiden Sie schnell und markieren Sie: 1 oder 2? Sprechen Sie dann mit Ihrer Partnerin / Ihrem Partner.

1 zu Hause
2 in einer Firma

1 Karriere und hohes Einkommen
2 Spaß an der Arbeit / Tätigkeit

1 mit Chefin/Chef
2 ohne Chefin/Chef

1 interessante und sinnvolle Arbeit
2 sicherer Arbeitsplatz

1 viel Kontakt zu Menschen
2 allein oder in einem kleinen Team

○ Ich arbeite gern zu Hause. Da muss ich nicht den langen Weg zur Firma fahren. Und du?
□ Ja, das ist gut, aber …

2 05 **b** Sehen Sie das Bild an und hören Sie den Podcast. Welche Punkte in a würde Hannes Beck markieren? Sprechen Sie in der Gruppe.

Also, als Besitzer eines Cafés kann Hannes nicht zu Hause arbeiten. Er muss …

LERNZIELE

HÖREN: Podcast zum Thema Arbeitszufriedenheit **LESEN:** Artikel (online) **KOMMUNIKATION:** über eine Statistik sprechen: *Das Thema unserer Statistik lautet: …* **WÖRTER:** Rund um die Arbeit **GRAMMATIK:** Konnektoren *bis, seit, bevor, während: Es hat eine Weile gedauert, bis die ersten Gäste kamen. / Bevor ich ins Detail gehe, möchte ich eine einfache Antwort geben.*

2 Mein Cousin macht eine steile Karriere.

Arbeiten Sie zu dritt: Jede/r sucht sich vier Wörter aus dem Bildlexikon aus und notiert einen Satz über eine Person, die sie / er kennt, oder über sich selbst. Erzählen Sie dann in der Gruppe.

Mein Cousin macht eine steile Karriere.

> Mein Wort ist „Karriere". Mein Cousin macht eine steile Karriere an der Universität. Er ist mit 30 schon Professor.

3 Besser machen! AB 1 – 4

2 ◀)) 06 **a** Hören Sie den Podcast weiter. Wer sagt das? Ordnen Sie zu: Janina = J, Pascal = P.

Meine neue Chefin ist für Mitbestimmung. (Janina Weber)

Ich möchte meine Arbeit möglichst selbst einteilen. (Pascal Peeters)

1 (J) Ich leite ein Hausmeister-Team.
2 ( ) Ich war deprimiert und dachte sogar an eine Kündigung, weil mein Chef mich so oft kritisiert hat.
3 ( ) Mein Chef hat mich wohl eher wie eine Aushilfe gesehen oder wie jemanden, der nur jobbt.
4 ( ) Ich nehme oft an strategischen Meetings teil. Das finde ich wichtig für mich und meine Kolleginnen und Kollegen.
5 ( ) Ich habe viel Berufserfahrung und möchte meine Arbeit selbst organisieren. Das hat mein Chef nun verstanden.
6 ( ) Meine neue Chefin interessiert sich für die Ideen der Mitarbeitenden.
7 ( ) Neulich habe ich ein sehr positives Feedback bekommen.

2 ◀)) 07 **b** Ergänzen Sie *bis* oder *seit*. Hören Sie dann und vergleichen Sie.

1 Am Anfang hat es eine Weile gedauert, *bis* die ersten Gäste kamen.
2 .... ich das Café habe, weiß ich jedenfalls, wie viel Freude Arbeit machen kann.
3 .... ich bei Meetings dabei bin, verstehe ich die Abläufe im Unternehmen viel besser.
4 Das ging immer so weiter, ... ich allmählich keine Lust mehr hatte.
5 Bei dem früheren Chef hat es immer lange gedauert, ... man was erfahren hat.

G

——→ ⚑	Es hat eine Weile gedauert, bis die ersten Gäste **kamen**.
⚑ ——→	Seit ich das Café **habe**, weiß ich, wie viel Freude Arbeit machen kann.

~~et~~was → was
… bis man ~~et~~was erfahren hat.

c Wer sagt was über seine Arbeit? Arbeiten Sie zu zweit.
PARTNER/IN A → S. 106 PARTNER/IN B → S. 116

◆ die (Arbeits-)Stelle ◆ das Einkommen ◆ die Karriere ◆ die Berufserfahrung ◆ die Kündigung

4 Wann macht Arbeit Spaß?

a Schließen Sie die Augen und überlegen Sie: In welchem Moment in der letzten Woche haben Sie sich bei der Arbeit / in der Ausbildung / im Sprachkurs besonders gut gefühlt? Sprechen Sie dann zu zweit.

> Ich jobbe gerade in einer Bar. Letzte Woche habe ich dem Team einen neuen Vorschlag zur Arbeitsverteilung gemacht. Alle waren begeistert. Da habe ich mich total gefreut.

b Lesen Sie den Artikel und ordnen Sie die Überschriften den Faktoren 1–5 zu.

◆ Selbstbestimmung | ◆ Feedback | ~~◆ Kompetenz~~ | ◆ Sinn | ◆ Mitbestimmung

www.zufriedenbeiderarbeit.de

Wann macht Arbeit Spaß? von Antje Häckel

Bevor ich ins Detail gehe, möchte ich eine einfache Antwort geben: Arbeit macht dann Spaß, wenn sie mich herausfordert und zufrieden macht. Während ich arbeite, muss ich Probleme lösen. Damit das gut funktioniert, brauche ich verschiedene Voraussetzungen und Fähigkeiten. Besonders wichtig sind die folgenden Faktoren:

FAKTOR 1: Kompetenz
Die Arbeit ist nicht zu leicht für mich, aber auch nicht zu schwer. Sie ist eine Herausforderung, die ich gut schaffen kann. Das gibt mir Sicherheit und ich fühle mich kompetent.

FAKTOR 2: ……………………
Meine Arbeit ist für meine Firma und für mich selbst sinnvoll und wichtig. Deshalb mache ich sie gern.

FAKTOR 3: ……………………
Ich kann weitgehend selbst einteilen, wie ich meine Arbeit organisiere. Das gibt mir ein Gefühl von Eigenverantwortung und macht mich zufrieden.

FAKTOR 4: ……………………
Mit meiner Arbeit tue ich etwas Wertvolles für das ganze Unternehmen. Deshalb zählt auch meine Meinung, wenn es um Entscheidungen geht. Das stärkt mein Gefühl, wichtig zu sein.

FAKTOR 5: ……………………
Wer arbeitet, möchte auch ein Feedback bekommen. Deshalb sollte es immer wieder ehrliche und konstruktive Rückmeldungen von meinen Kolleg:innen und meiner Chefin oder meinem Chef geben.

c Zu zweit. Lesen Sie den Artikel noch einmal und sprechen Sie: Zu welchem Faktor passt Ihr positives Erlebnis aus a?

> Ich denke, mein Erlebnis mit dem Team in der Bar passt gut zum Faktor „Mitbestimmung". Ich hatte auch das Gefühl, wichtig zu sein.

+ SCHON FERTIG?
Suchen Sie zu jedem Faktor noch ein gutes Beispiel. Stellen Sie Ihre Beispiele dann im Kurs vor.

◆ die Verantwortung

◆ die Weiterbildung

◆ die Herausforderung

◆ die Mitbestimmung

◆ die Kritik

◆ das Feedback

5 *bevor* und *während* AB 5 – 10

a Was kann man noch sagen? Was ist richtig? Kreuzen Sie an.

1 Bevor ich ins Detail gehe, möchte ich eine einfache Antwort geben.
- ○ Ich gebe erst eine einfache Antwort, dann gehe ich ins Detail.
- ○ Ich gehe erst ins Detail, dann gebe ich eine einfache Antwort.

2 Während ich arbeite, muss ich Probleme lösen.
- ○ In der Zeit, in der ich arbeite, muss ich Probleme lösen.
- ○ Ich arbeite und dann löse ich Probleme.

G

Bevor ich ins Detail **gehe**, möchte ich eine einfache Antwort geben.

Während ich **arbeite**, muss ich Probleme lösen.

b „Tipp-Generator": Arbeiten Sie zu zweit. Schreiben Sie Tipps für das Berufsleben. → S. 107

6 Statistik zur Arbeitszufriedenheit

a Welche Faktoren sind noch wichtig für die Arbeitszufriedenheit? Sammeln Sie im Kurs.

Also, ich finde, die Kolleginnen und Kollegen sollten möglichst nett sein. Sonst ist das keine gute Arbeitsstelle.

- nette Kolleginnen und Kollegen
- kompetente Chefinnen und Chefs
- ...

b Eine Statistik: Arbeiten Sie zu zweit. → S. 108

2 08

7 Unsere eigene Statistik AB 11

a Bilden Sie große Gruppen und machen Sie eine Gruppenstatistik zum Thema „Arbeitszufriedenheit" aus den Punkten aus 4b, 6a und 6b: Was ist Ihnen besonders wichtig? Notieren Sie fünf bis sechs Punkte.

b Präsentieren Sie Ihre Statistik im Kurs.

Das Thema unserer Statistik lautet: Arbeitszufriedenheit. Ungefähr ...

K

über eine Statistik sprechen

Das Thema unserer Statistik lautet: ...
Die meisten / Die wenigsten nennen ...
An erster / ... / letzter Stelle steht ...
Auf Platz 2 / 3 /... steht ...
... Prozent finden / geben an, dass ...
Ungefähr / Rund / Etwa die Hälfte / ein Drittel / ...
Über / Mehr / Weniger (als) die Hälfte / ein Drittel / ...
Knapp ein Drittel / Viertel / ...

SCHNELLTEST LEKTION 10 → S. 69

Dinge, die den Alltag besser machen

11

#entspannung #antistressmatte #biobaumwolle

Meine Erfahrung mit der Anti-Stress-Matte 💚

Entspannung mit Nele Wenzlaff

11.500 Abonennten Abonnieren

03 👍 / 00 👎 + Speichern ...

5.700 Aufrufe vor 8 Monaten

„Entspannt und glücklich" – Heute berichte ich euch über meine Erfahrungen mit der Anti-Stress-Matte. Wann hilft so eine Matte? Wie funktioniert sie? Aus welchem Material wird sie hergestellt? Wenn ihr die Matte selbst ausprobieren wollt, dann ... **mehr ansehen**

2 🔊 09

1 Ein Produkt, das ich wirklich sinnvoll finde

Sehen Sie das Bild an und lesen Sie den Text. Hören Sie dann: Was ist richtig? Kreuzen Sie an.

a ○ Nele hat die Anti-Stress-Matte selbst ausprobiert und findet sie sinnvoll.
b ○ Die Matte sollte man nicht benutzen, wenn man Rückenschmerzen hat.
c ○ Die runden Plastikteile sind hart und spitz, aber sie tun überhaupt nicht weh.
d ○ Das Produkt wird aus Bio-Baumwolle und Recycling-Plastik hergestellt.
e ○ Mit Neles Code bekommt man einen Rabatt und das Kissen als Geschenk dazu.

2 Neulich habe ich ein Paar Schuhe gekauft.

a Eine Matte, die meine Lieblings-Influencerin empfiehlt, ...
Arbeiten Sie zu zweit. WIEDERHOLUNG → S. 109

b Welches Produkt haben Sie sich zuletzt gekauft? Warum? Sind Sie mit Ihrem Kauf zufrieden? Sprechen Sie im Kurs.

> Neulich habe ich ein Paar Bergschuhe gekauft, die mein Freund auch hat. Aber leider ...

LERNZIELE

HÖREN / LESEN: Influencer-Video mit Kurz-Info **LESEN:** Artikel in einem Print-Magazin **KOMMUNIKATION:** einen Gegenstand beschreiben: ... *ist leicht / flach / rund / ...* • Funktionen nennen: *Man kann damit ...* • für einen Gegenstand werben: *Das Tolle / Besondere / Beste daran ist, dass ...* **SCHREIBEN:** Beschreibung **WÖRTER:** Beschaffenheit von Alltagsgegenständen **GRAMMATIK:** Relativsätze im Dativ und mit Präposition + Dativ / Akkusativ: *Ein Produkt, dem nichts fehlt. / Abfall, aus dem ein neues Produkt werden kann.*

3 Spiel: Dinge fühlen AB 1–3

Arbeiten Sie in der Gruppe. Eine Person versteckt einen Gegenstand in einem Säckchen. Die anderen fühlen, beschreiben ihn und raten. Hilfe finden Sie im Bildlexikon.

4 Woraus ist das denn?

a Sehen Sie die Bilder an und lesen Sie die Einleitung. Was denken Sie: Woraus sind die Produkte? Raten Sie und ordnen Sie die Bilder zu. Überfliegen Sie dann die Texte 1–4 und vergleichen Sie.

Ich war einmal ... ⬡ ein Apfel. ⬡ Kaffee. ⬡ eine Plastikflasche. ⬡ eine Hanfpflanze.

www.totalnachhaltig.de

Woraus ist das denn?

Plastik verschmutzt die Meere, Baumwolle verbraucht extrem viel Wasser, für Leder müssen Tiere sterben. Trotzdem können auch Menschen, denen Umwelt- und Tierschutz wichtig sind, noch einkaufen. Denn es gibt zum Glück viele alternative Materialien, die genauso praktisch und gleichzeitig nachhaltiger sind.

1 Hanf ist eine Pflanze, bei der wohl die meisten zuerst an Drogen denken. Doch sie eignet sich auch für die Produktion von Papier und Stoff, mit dem man z. B. Taschen und Rucksäcke nähen kann. Anders als Plastik, für das man fossile Rohstoffe (wie z. B. Erdöl und Erdgas) braucht, wächst Hanf nach. Der große Vorteil: Hanf verbraucht, wie alle Pflanzen, sogar CO_2 – aber viel weniger Wasser als z. B. Baumwolle. Ein Nachteil ist, dass das Material noch ziemlich teuer ist. mehr lesen

2 Nicht jeder Müll muss sofort in die Tonne ... Ein biologischer Abfall, aus dem ein neues Produkt werden kann, ist Kaffeesatz: Wenn man ihn mit Holzresten und anderen natürlichen Materialien mixt, entsteht daraus z. B. ein Kaffeebecher. Im Vergleich zu Geschirr aus Plastik, Metall oder Keramik ist der vielleicht weniger stabil. Dafür landet er im besten Fall am Ende in der Bio-Mülltonne! mehr lesen

flach / dünn ↔ dick

leicht ↔ schwer

glatt ↔ rau

3 Eine Lösung, durch die wenigstens kein neues Plastik entsteht, ist Kunststoff-Recycling: Aus alten Plastikflaschen kann man neue Flaschen, aber auch Kleidungsstücke oder Einrichtungsgegenstände wie Teppiche, Matten oder Kissen herstellen. Das verbraucht viel Energie, aber es hilft, giftigen Plastikmüll zu vermeiden. Natürlich sollte man auch bei Recycling-Plastik darauf achten, dass die Produkte für die Gesundheit unproblematisch sind. **mehr lesen**

4 Muss jemand, dem Tiere leidtun, auf Leder verzichten? Nicht, wenn die Schuhe oder die Geldbörse aus den Resten von Äpfeln gemacht werden! „Apfelleder" sieht elegant aus, ist glatt und wasserfest – eine vegane Alternative, der nur der typische Ledergeruch fehlt. Besonders nachhaltig ist das Material, wenn die Apfelreste aus der regionalen Apfelsaftproduktion kommen. **mehr lesen**

b Arbeiten Sie zu viert. Jede/r liest einen Text, macht Notizen und berichtet dann. Die anderen kommentieren.

Material: Hanf
Produkt/e: Taschen, Rucksäcke, ...
Vorteil/e:
Nachteil/e:

In Text 1 steht, dass man aus Hanf Taschen und Rucksäcke machen kann.

Ach ja, das habe ich auch schon mal gehört.

5 Das ist mir wichtig. AB 4

a Ergänzen Sie den Fragebogen. → S. 110

b Vergleichen Sie mit Ihrer Partnerin / Ihrem Partner und geben Sie Beispiele.

Mir ist wirklich extrem wichtig, dass das Geschirr nicht ungesund ist. Ich habe zum Beispiel eine Trinkflasche aus Glas, weil ...

6 Jemand, dem Tiere leidtun. AB 5–10

a Suchen Sie die Ausdrücke in den Texten in 4a und ergänzen Sie die Tabellen. Markieren Sie dann wie im Beispiel.

	Dativ
◆	Jemand, dem Tiere leidtun. (Z. 21)
◆	Ein Produkt, dem nichts fehlt.
◆	Apfelleder als Alternative, ... nur der Ledergeruch fehlt. (Z. 23)
◆	Menschen, ... Umweltschutz wichtig ist. (Z. 2)

	Präposition + Dativ
◆	Abfall, aus dem ein neues Produkt werden kann, ... (Z. 11–12)

	Präposition + Akkusativ
◆	Eine Lösung, ... kein neues Plastik entsteht, ... (Z. 16)

b Wie heißt das noch mal? Arbeiten Sie zu zweit.
PARTNER/IN A → S. 111 PARTNER/IN B → S. 117

stabil ↔ empfindlich / zerbrechlich

rund ↔ eckig / spitz

trocken ↔ feucht / nass

weich ↔ hart

7 Ein Gegenstand – viele überraschende Funktionen AB 11

a Lesen Sie den Artikel und machen Sie Notizen.

Aussehen / Material:	Funktionen:
– leicht	– Nase putzen
– ...	– ...

Extra
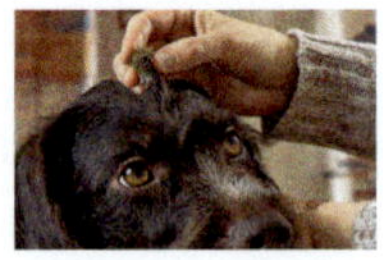
Film

DAS STOFFTASCHENTUCH

Ein Gegenstand, auf den man nicht verzichten kann, ist ein Stofftaschentuch. Es ist leicht, flach und passt in jede Hosentasche. Weil es aus Stoff ist, ist es weich. Außerdem kann man es waschen und immer wieder benutzen. Normalerweise putzt man sich damit die Nase. Natürlich eignet es sich außerdem als Brillenputztuch. Das Tolle an einem Stofftaschentuch ist aber, dass es noch mehr Funktionen hat: Man kann damit zum Beispiel ein kleines Geschenk einpacken. Außerdem braucht man es, wenn man beim Abschied winken möchte. Ein Stofftaschentuch gehört also definitiv zu den Dingen, die das Leben besser machen!

b Lesen Sie den Artikel noch einmal und die Ausdrücke im Kasten. Welche Ausdrücke aus dem Kasten kommen im Artikel in **a** vor? Markieren Sie im Text.

K

einen Gegenstand beschreiben	Funktionen nennen	für einen Gegenstand werben
... ist leicht / flach / rund / ... ... ist aus Stoff / Holz / Glas / ...	... hat viele / folgende / noch mehr Funktionen: ... Man kann damit ... ... eignet sich als ... ... braucht man, um / wenn ...	Das Tolle / Besondere / Beste an ... / daran ist, dass ... ... ist besonders interessant für Menschen, die / denen ... ... gehört also definitiv zu den Dingen, die ...

c Sehen Sie die Bilder 1–4 an und bilden Sie Gruppen. Sammeln Sie Ideen und beschreiben Sie Ihren Gegenstand wie in **a**.

1

◆ Socken

2

◆ Schuhkarton

3

◆ Strandtuch

4

◆ Marmeladenglas

Aussehen / Material:	Funktionen:
– lang	– Füße + Beine warmhalten
– aus Baumwolle (weich) oder Wolle (warm)	– ☺ kleine Sachen transportieren
– ...	– ☺ als Handschuhe
	– ☺ Geld verstecken
	– ...

Ein Kleidungsstück, auf das man nicht verzichten kann, sind Socken. Sie sind .... Man kann sie natürlich anziehen, um ... Aber man kann damit auch ...

d Hängen Sie die Texte im Kursraum auf. Machen Sie einen Kursspaziergang, lesen Sie die Texte und verteilen Sie drei Smileys: ☺ 😐 ☹. Welcher Text hat gewonnen?

SCHNELLTEST LEKTION 11 → S. 69

12

Das Auge isst mit.

A

B

C

D

1 Sieht wahnsinnig lecker aus!

Sehen Sie die Bilder A–D an. Was macht Ihnen (keinen) Appetit? Sprechen Sie mit Ihrer Partnerin / Ihrem Partner.

lecker | bunt | perfekt | künstlich | fett | (un)gesund | kreativ | interessant | langweilig | ...

> Ich hätte jetzt richtig Lust auf dieses Eis! Das sieht wahnsinnig lecker aus.

> Ich weiß nicht. Für mich sieht das irgendwie zu künstlich aus, fast wie aus Plastik.

2 Schon ein bisschen streng, oder?

2 10 **a** Sehen Sie noch einmal Bild C an. Hören Sie dann das Gespräch. Was ist richtig? Kreuzen Sie an.

1 Die Personen sind ○ bei Freunden eingeladen. ○ im Restaurant.
2 Sie sind ○ enttäuscht ○ begeistert von ihrem Essen.
3 ○ Sie dürfen das Gericht nicht fotografieren. ○ Das Essen wird kalt.

b Wie finden Sie die Reaktion des Kellners? Ist Ihnen so etwas schon einmal passiert?

> Ich finde die Regel sehr streng. Es ist doch nur ein Foto!

> Na ja. Das sehe ich ein bisschen anders: ...

LERNZIELE

HÖREN: Gespräch im Restaurant, Radiointerview **LESEN:** Ankündigung Radiosendung, Blog **KOMMUNIKATION:** Ausdrücke aus anderen Sprachen erklären: *Auf ... gibt es die Redewendung „...“* • ein Gericht beschreiben: *... ist ein Gericht, das ...* • etwas empfehlen: *... ist für mich das / der / die leckerste ... überhaupt!* • etwas vergleichen: *Bei uns isst man auch ...* **WÖRTER:** Zubereitung von Essen **GRAMMATIK:** Konnektoren *sodass / so ..., dass ...: Das Gericht sieht so lecker aus, dass ...* • Wortbildung: Nomen aus Verben: *das Aussehen*

3 Kartoffeln kann man nicht roh zubereiten. AB 1–3

Arbeiten Sie zu dritt. Schreiben Sie die Zutaten auf Kärtchen. Eine/r wählt ein Wort aus dem Bildlexikon und stellt eine Frage. Sortieren Sie die Kärtchen und sprechen Sie.

◆ Bohnen | ◆ Kartoffeln | ◆ Fisch
◆ Eier | ◆ Reis | ◆ Käse
◆ Mehl | ◆ Salat | ◆ Bananen
◆ Karotten | ◆/◆ Joghurt
◆ Hühnchen | ◆ Zwiebeln

4 Warum fotografieren wir unser Essen? AB 4

2 🔊 11

a Lesen Sie den Programmhinweis und die Themen (#Hashtags). Hören Sie dann die Radiosendung. Welche beiden Hashtags kommen nicht vor? Markieren Sie.

Alltagsdinge: Essen fotografieren und posten, das gehört für viele heute zum Alltag. Was steckt hinter dem Trend?
Eine Sendung von Maike Nowak im Gespräch mit Nabiha Hasan (Sterneköchin, Frankfurt) und Adam Suter (Foodblogger, Bern).
#Essensfotografie #Restaurant #soziale Medien #Ernährungstypen
#Lebensmittelproduktion #Aussehen von Essen #Redewendung
#internationale Küche #Küchengeräte #Wissenschaft

b Lesen Sie die Aussagen 1–9. Hören Sie dann noch einmal. Wer sagt das? Ordnen Sie zu: Maike = M, Nabiha = N, Adam = A.

Maike

Nabiha

Adam

1 (M) Umfragen zeigen, dass das Fotografieren von Essen ein Trend ist.
2 ( ) Wenn Gäste Fotos machen, hat das auch Vorteile für das Restaurant.
3 ( ) In den sozialen Medien teilen die Menschen verschiedene Seiten ihres Lebens.
4 ( ) Mit Fotos von Essen kann man zeigen, welcher Ernährungstyp man ist.
5 ( ) Eine Botschaft von Essensfotos ist, dass es uns gut geht.
6 ( ) Beim Essen ist nicht nur das Aussehen wichtig.
7 ( ) Man freut sich über ein Gericht, das schön aussieht.
8 ( ) Fotos von Gerichten aus anderen Ländern machen neugierig.
9 ( ) Wenn man Essensfotos sieht, wird man hungrig.

G

Verb →	Nomen
aussehen →	das Aussehen
fotografieren →	das Fotografieren

W

aufwärmen

backen

braten

grillen

hacken

c Wie ist Ihre Erfahrung? Bilden Sie ein Kugellager und sprechen Sie über die Fragen.

1 Sehen Sie gern Essensfotos im Internet an? Was finden Sie daran (nicht) interessant?
2 Machen Sie selbst oft Fotos von Essen? Wenn ja: Wann und warum?
3 Haben Sie schon einmal ein Gericht ausprobiert, das Sie im Netz gesehen haben?

5 Mir läuft das Wasser im Mund zusammen! AB 5

a Was bedeuten diese Redewendungen? Ordnen Sie zu.

◯ Sie / Er kann etwas auch nicht besser als andere.
◯ Das Aussehen von Essen ist wichtig.
◯ Sie / Er macht einen Kommentar (,obwohl niemand gefragt hat).
◯ Sie / Er bekommt Appetit.

1 Ihr / Ihm läuft das Wasser im Mund zusammen.
2 Sie / Er kocht auch nur mit Wasser.
3 Sie / Er gibt ihren / seinen Senf  dazu.
4 Das Auge isst mit.

b Kennen Sie ähnliche Redewendungen in anderen Sprachen? Sprechen Sie in der Gruppe.

> Auf Katalanisch gibt es die Redewendung „és un troç de pa“. Übersetzt heißt das: „Er (oder sie) ist ein Stück Brot“. Das bedeutet, dass jemand ein besonders netter Mensch ist …

K **Ausdrücke aus anderen Sprachen erklären**
Auf … gibt es die Redewendung „…“
Übersetzt heißt das: „…“
Das bedeutet, dass …
Man sagt das zum Beispiel, wenn …

6 So professionell, dass … AB 6–7

a Was passt? Lesen Sie die Zitate aus dem Radiointerview mit Nabiha und Adam und verbinden Sie.

1 Heute haben Handys eine gute Foto-Software,
2 Manche Fotos sind so professionell,
3 Das Gericht sieht so lecker aus,
4 Mit meinen Fotos möchte ich Ideen geben,

a dass wir damit Werbung machen könnten.
b sodass die Leute sich selbst in die Küche stellen.
c sodass alle hübsche Fotos von Essen machen können.
d dass mir gleich das Wasser im Mund zusammenläuft!

2 🔊 12 **b** *Sodass* oder *so …, dass*. Lesen Sie die Sätze in **a** und ergänzen Sie die Tabelle. Hören Sie dann und achten Sie auf die Betonung.

G

		Ende
Das Gericht sieht .... lecker aus,	.... mir gleich das Wasser im Mund	zusammenläuft!
Mit meinen Fotos möchte ich Ideen geben,	.... die Leute sich selbst in die Küche	stellen.

c Picknick am See. Arbeiten Sie zu zweit. PARTNER/IN A → S. 113 PARTNER/IN B → S. 119

kochen

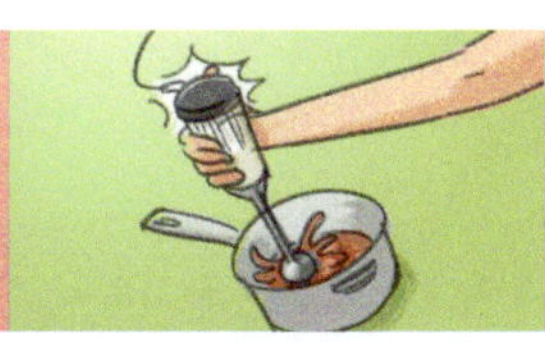
mixen

reiben

roh zubereiten

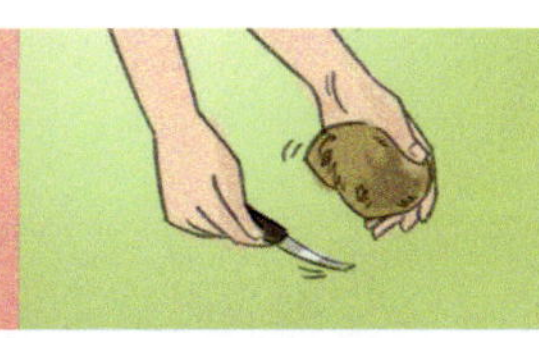
schälen

schneiden

7 Das müsst ihr unbedingt mal probieren! AB 8

a Lesen Sie den Blogeintrag von Adam Suter und die Kommentare und markieren Sie die Antworten auf die Fragen 1–3 in verschiedenen Farben.

1 Wo gibt es das Gericht? 2 Mit welchen Zutaten wird es zubereitet? 3 Was ist besonders?

www.Adam-Suter.de/blog/essen

„balık ekmek“

… ist ein Imbiss, den ich in Istanbul kennengelernt habe. Übersetzt heißt „balık ekmek“ einfach „Fischbrot“. Der Name sagt es schon: Die Zutaten sind Weißbrot und Fisch, dazu ein bisschen Salat, Tomaten oder Zwiebeln. Der Fisch wird gegrillt – meistens direkt auf den Booten am Hafen. Gewöhnlich bekommt man dazu ein Glas „turşu suyu“, ein Getränk mit sauren Gurken und Kohl. „Balık ekmek“ ist für mich das leckerste „Fast-F“-Gericht überhaupt! Ich mache mir das jetzt auch manchmal zu Hause. Ist nicht kompliziert und schmeckt einfach gut! Wenn ihr gern Fisch esst, müsst ihr das unbedingt mal probieren!

Aixhen Das erinnert mich an die Fischbrötchen im Hamburger Hafen … Hm, lecker!

Bilgi Stimmt! Aber bei uns in Hamburg gibt es normalerweise weniger „Gemüse“ dazu. 😉

b Lesen Sie den Blog und die Kommentare in **a** noch einmal und ergänzen Sie die Tabelle.

K

ein Gericht beschreiben	etwas empfehlen	etwas vergleichen
… ist ein Gericht, das … / ein Imbiss, den …	… ist für mich das / der / die leckerste … überhaupt!	In … gibt es ein ähnliches Gericht / einen ähnlichen Imbiss.
… wird mit … zubereitet.	Wenn …, (dann) ……………	Das …………… mich an …
Die …………… sind …	…………… probieren!	Bei uns isst man auch …
… wird gekocht / gebraten / gegrillt / …		Ähnlich wie / Anders als …
Normalerweise / …………… bekommt man / isst man / gibt es …		

c Suchen Sie ein Foto von einem Ihrer Lieblingsgerichte. Was möchten Sie darüber erzählen? Machen Sie Stichpunkte zu den Fragen 1–3 aus **a**.

d Bilden Sie Gruppen. Zeigen Sie Ihre Fotos und sprechen Sie über die Gerichte.

SCHNELLTEST LEKTION 12 → S. 70
Magazin Lektion 10, 11, 12 → S. 80

LEKTION 10

W Welche Erklärung passt? Ordnen Sie zu.

Mitbestimmung | Feedback | Kündigung | Arbeitsstelle | Berufserfahrung | ~~Herausforderung~~

a Es ist eine *Herausforderung*, wenn man neue und große Aufgaben bekommt.
b Wer in einer Firma arbeitet, hat dort eine ....
c Wer schon lange in einem Beruf gearbeitet hat, hat viel ....
d Wer unzufrieden im Job ist, denkt an eine ....
e .... bedeutet, dass die Mitarbeiter:innen in der Firma mitentscheiden können.
f .... bedeutet, dass man eine Rückmeldung zu seiner Arbeit bekommt.

...... / 5 Punkte
☺ 3 – 5 Punkte
☹ 0 – 2 Punkte

G 1 Was passt? Kreuzen Sie an und schreiben Sie Sätze mit *bis* oder *seit*.

a Ich habe drei Monate gebraucht, ○ bis ○ seit – *einen neuen Job haben*
b Er will hier arbeiten, ○ bis ○ seit – *in Rente gehen*
c ○ Bis ○ Seit – *bei der Aufgabenverteilung mitentscheiden können* – Wir sind total motiviert.

a Ich habe drei Monate gebraucht, ...

G 2 Schreiben Sie Sätze mit *bevor* oder *während*.

a Morgens schalte ich erst den Computer an und dann mache ich mir einen Kaffee.
b Ich kann keine Musik hören und dabei arbeiten.
c Ich habe die Fenster zugemacht und bin dann nach Hause gegangen.

a Morgens schalte ich erst den Computer an, ...

...... / 9 Punkte
☺ 5 – 9 Punkte
☹ 0 – 4 Punkte

K Über eine Statistik sprechen: Ordnen Sie zu.

○ also über ein Viertel | ○ Auf Platz 1 steht | ○ geben an | ○ Das Thema unserer Statistik lautet | ○ An letzter Stelle

(1): Welche Faktoren sind wichtig für Ihre Arbeitszufriedenheit? (2) das Gehalt, das nennen die meisten Befragten. 27 Prozent, (3), finden auch einen flexiblen Arbeitsort wichtig. (4), also ganz am Ende, steht die Kinderbetreuung. Nur 7 Prozent (5), dass sie die wichtig finden.

...... / 5 Punkte
☺ 3 – 5 Punkte
☹ 0 – 2 Punkte

LEKTION 11

W Wie sind die Gegenstände und Materialien? Ordnen Sie zu.

○ rund | ○ spitz | (1) glatt oder rau | ○ stabil | ○ trocken oder feucht | ○ zerbrechlich

1 Papier, Leder, Holz
2 Ball, Rad, Orange
3 Teller, Brille, Fenster
4 Stein, Holz, Metall
5 Sand, Handtuch, Seife
6 Stift, Schere, Nadel

...... / 5 Punkte
☺ 3 – 5 Punkte
☹ 0 – 2 Punkte

LÖSUNGEN → S. 120

Schreiben Sie Relativsätze.

a Das ist eine Influencerin. Ich vertraue ihr.
b Ich kenne viele Menschen. Ihnen ist Umweltschutz wichtig.
c Holz ist ein Material. Aus Holz kann man nicht nur Möbel machen.
d Das ist ein Geldbeutel. Für ihn ist kein Tier gestorben.
e Ich habe eine Hose aus recyceltem Plastik. Ich bin sehr zufrieden mit ihr.

a Das ist eine Influencerin, der ich vertraue.

...... / 4 Punkte
3 – 4 Punkte
0 – 2 Punkte

Einen Gegenstand beschreiben: Verbinden Sie.

1 Ein Taschenmesser braucht man,
2 Das ist besonders interessant für Menschen,
3 Das Tolle daran ist,
4 Es eignet sich auch
5 Ein Taschenmesser gehört also definitiv zu den Dingen,

a die den Alltag besser machen.
b um unterwegs etwas zu schneiden.
c als Werkzeug (wenn man z. B. eine Flasche öffnen will).
d dass es noch viel mehr Funktionen hat.
e denen spontane Picknicks Spaß machen.

...... / 4 Punkte
3 – 4 Punkte
0 – 2 Punkte

LEKTION 12

Was passt nicht? Streichen Sie.

a Suppe kochen reiben mixen
b Fleisch schälen grillen hacken
c Nudeln kochen aufwärmen roh zubereiten
d Kuchen backen braten schneiden

...... / 4 Punkte
3 – 4 Punkte
0 – 2 Punkte

Essgewohnheiten. Schreiben Sie Sätze mit *sodass* oder *so …, dass*.

a Ich arbeite viel. Ich habe keine Zeit zum Kochen.
b Direkt neben meinem Büro gibt es ein Café mit Mittagsmenü. Ich muss nicht weit laufen.
c Die Portionen sind groß. Ich kann oft etwas fürs Abendessen mitnehmen.
d Abends esse ich meistens spät. Am Morgen habe ich noch keinen Hunger.
e Und am Wochenende gehe ich gern aus. Ich brauche meine Küche eigentlich gar nicht.

a Ich arbeite so viel, dass ich keine Zeit zum Kochen habe.

...... / 4 Punkte
3 – 4 Punkte
0 – 2 Punkte

Ein Gericht beschreiben: Ergänzen Sie.

○ Kartoffelsalat ist für mich das le c k e r s t e (a) Gericht aus Kartoffeln überhaupt. Die Zu ...... (b) sind Kartoffeln, Zwiebeln, Salz, Pfeffer, Essig und Öl. Ge ...... (c) isst man ihn zu Fisch oder Würstchen. Wenn ihr mich besuchen kommt, müsst ihr das unbedingt mal pr ...... (d)!
□ Ich esse auch gern Kartoffelsalat, aber an ...... (e) als bei deinem Rezept b ...... (f) ich ihn oft mit Eiern und Joghurt zu.

...... / 5 Punkte
3 – 5 Punkte
0 – 2 Punkte

LÖSUNGEN → S. 120

Sätze und Satzverbindungen

Temporale Konnektoren *bis, seit, bevor, während* L10

	Hauptsatz	Nebensatz
	Es hat eine Weile gedauert,	bis die ersten Gäste kamen.
	Nebensatz	**Hauptsatz**
	Seit ich bei Meetings dabei bin,	verstehe ich die Abläufe im Unternehmen viel besser.

	Nebensatz	Hauptsatz
	Bevor ich ins Detail gehe,	möchte ich eine einfache Antwort geben.
	Während ich arbeite,	muss ich Probleme lösen.

Relativsätze im Dativ und mit Präposition + Dativ / Akkusativ L11

	Dativ
◆	Jemand, dem Tiere leidtun.
◆	Ein Produkt, dem nichts fehlt.
◆	Apfelleder als Alternative, der nur der Ledergeruch fehlt.
◆	Menschen, denen Umweltschutz wichtig ist.

	Präposition + Dativ
◆	Abfall, aus dem ein neues Produkt werden kann, ...

	Präposition + Akkusativ
◆	Eine Lösung, durch die kein neues Plastik entsteht, ...

Konnektoren *sodass* und *so ..., dass* L12

Hauptsatz	Nebensatz	
		Ende
Das Gericht sieht so lecker aus,	dass mir gleich das Wasser im Mund	zusammenläuft!
Mit meinen Fotos möchte ich Ideen geben,	sodass die Leute sich selbst in die Küche	stellen.

Wortbildung

Nomen aus Verben L12

Verb	→	Nomen
aussehen	→	das Aussehen
fotografieren	→	das Fotografieren

über eine Statistik sprechen L10

Das Thema unserer Statistik lautet: ...
Die meisten / Die wenigsten nennen ...
An erster / ... / letzter Stelle steht ...
Auf Platz 2 / 3 / ... steht ...
... Prozent finden / geben an, dass ...

Ungefähr / Rund / Etwa die Hälfte / ein Drittel / ...
Über / Mehr / Weniger (als) die Hälfte / ein Drittel / ...
Knapp ein Drittel / Viertel / ...

einen Gegenstand beschreiben L11

... ist leicht / flach / rund / ...
... ist aus Stoff / Holz / Glas / ...

Funktionen nennen L11

... hat viele / folgende / noch mehr Funktionen: ...
Man kann damit ...
... eignet sich als ...
... braucht man, um / wenn ...

für einen Gegenstand werben L11

Das Tolle / Besondere / Beste an ... / daran ist, dass ...
... ist besonders interessant für Menschen, die / denen ...
... gehört also definitiv zu den Dingen, die ...

Ausdrücke aus anderen Sprachen erklären L12

Auf ... gibt es die Redewendung „...“
Übersetzt heißt das: „...“
Das bedeutet, dass ...
Man sagt das zum Beispiel, wenn ...

ein Gericht beschreiben L12

... ist ein Gericht, das ... / ein Imbiss, den ...
... wird mit ... zubereitet.
Die Zutaten sind ...
... wird gekocht / gebraten / gegrillt / ...
Normalerweise / Gewöhnlich bekommt man / isst man / gibt es ...

etwas empfehlen L12

... ist für mich das / der / die leckerste ... überhaupt!
Wenn ..., (dann) müsst ihr das unbedingt mal probieren!

etwas vergleichen L12

In ... gibt es ein ähnliches
Gericht / einen ähnlichen Imbiss.
Das erinnert mich an ...
Bei uns isst man auch ...
Ähnlich wie / Anders als ...

Magazin

HÖREN

1 Sehen Sie die Bilder an und lesen Sie den Text. Was meinen Sie? Wie wird man Tätowiererin oder Tätowierer? Sprechen Sie im Kurs.

> Ich glaube, zuerst muss man gut zeichnen lernen. Vielleicht in einer Kunstschule.

2 🔊 13 **2** Hören Sie Teil 1 des Interviews und machen Sie Notizen.

Larissa:
(1): Kunstgeschichte
In den Ferien: (2) in einem Tattoo-Studio
Aufgaben im Studio: am Anfang nur (3), viel (4)
Erstes Tattoo: nach (5)
Erfolgreich: nach (6) Jahren

1 Studium
2 ...

3 Was muss eine Tätowiererin / ein Tätowierer können? Wie muss sie / er sein? Was meinen Sie? Machen Sie zu zweit eine Top-3-Liste.

1 eine ruhige Hand haben
2 ...

2 🔊 14 **4** Hören Sie Teil 2 des Interviews.

a Ergänzen Sie Ihre Liste in 3.
b Welche Menschen kommen in Larissas Studio? Sprechen Sie.

5 Was möchten Sie noch über Larissa wissen? Schreiben Sie zu zweit Fragen. Tauschen Sie mit einem anderen Paar, beantworten Sie die Fragen und spielen Sie dann das Interview.

> Hallo Larissa, was war dein lustigstes Tattoo?

Unter die Haut

Immer wenn es wärmer wird, sind auf den Straßen die vielen unterschiedlichen Tattoos zu sehen, die immer mehr Menschen haben: Blumen oder andere Naturmotive, Figuren aus Märchen, Tiere – in Bunt oder Schwarz-Weiß. Einige davon sind wahre Kunstwerke. Doch wer bringt sie eigentlich unter die Haut? Mittlerweile gibt es viele junge Tätowiererinnen. Eine von ihnen ist Larissa Kluge. Die 27-Jährige hat seit zwei Jahren ihr eigenes Tattoo-Studio – und das mit großem Erfolg.

„Wir haben uns sofort verstanden"

Eine enge Freundschaft zwischen Menschen verschiedener Generationen ist selten. Dass sie aber sehr gut möglich ist, zeigen Hilda Müller und Julia Blume. Zwischen ihnen liegen fast zwei Generationen.

Auf dem runden Holztisch in der hellen Küche steht ein großer Topf mit Tomatensoße. Hilda Müller, 73 Jahre alt, und Julia Blume, 32 Jahre alt, haben sie gerade zusammen gekocht. Jetzt servieren sie die Soße mit Spaghetti. Die Tomaten und das Gemüse in der Soße kommen aus dem Gemeinschaftsgarten. Dort haben Hilda und Julia sich kennengelernt. Sieben Jahre ist das her. Seitdem sind sie eng befreundet.

Der Garten ist ihr gemeinsames Interesse. Aber beide gehen auch gern spazieren, sie spielen einmal pro Woche Karten und machen zusammen Ausflüge. Finden sie es nicht komisch, dass vierzig Jahre zwischen ihnen liegen? „Nein", sagen beide gleichzeitig. „Hilda weiß sehr viel über das Leben und interessiert sich aber auch für neue Dinge", sagt Julia. „Außerdem ist sie ein bisschen verrückt." Da müssen beide lachen. „Wir haben den gleichen Humor", ergänzt Hilda. „Julia ist witzig und eine sehr offene und kommunikative Person. Das gefällt mir."

Eigentlich sind die beiden Nachbarinnen. Sie wohnen in einem Mietshaus mit einem großen Garten davor. „Irgendwann hat Julia mich angesprochen und etwas zu meinen schönen Tomaten gefragt", erinnert sich Hilda. Aus einer Frage wurde ein langes Gespräch. „Wir haben uns sofort verstanden", sagt Julia. Am Anfang ist Hilda mit Julias Hund spazieren gegangen, wenn Julia im Büro war. Als Dankeschön hat sie Hilda mit dem Auto zum Einkaufen gefahren, zum Arzt oder zu ihren Kindern, die weiter weg wohnen. So hat ihre Freundschaft angefangen und nach einiger Zeit haben sie auch andere Dinge gemeinsam unternommen.

„Zum Glück gibt es Julia in meinem Leben", sagt Hilda und erzählt, dass sie im letzten Herbst zusammen auf dem Oktoberfest in München waren und Kettenkarussell gefahren sind. „Das war fantastisch", sagt sie. „Ohne Julia würde ich solche Erlebnisse gar nicht mehr haben."

LESEN

1 Sehen Sie das Bild an. Was meinen Sie? Wer sind die beiden Frauen?

> Ich glaube, das sind eine Großmutter und ihre Enkelin.

2 Lesen Sie den Text. Wo, wann und wie haben sich die beiden Frauen kennengelernt? Machen Sie Notizen und sprechen Sie.

> Wo? ...
> Wann? ...
> Wie? ...

3 Lesen Sie den Text noch einmal, Partner/in A notiert Informationen zu Hilda, Partner/in B zu Julia. Vergleichen Sie dann Ihre Notizen und sprechen Sie.

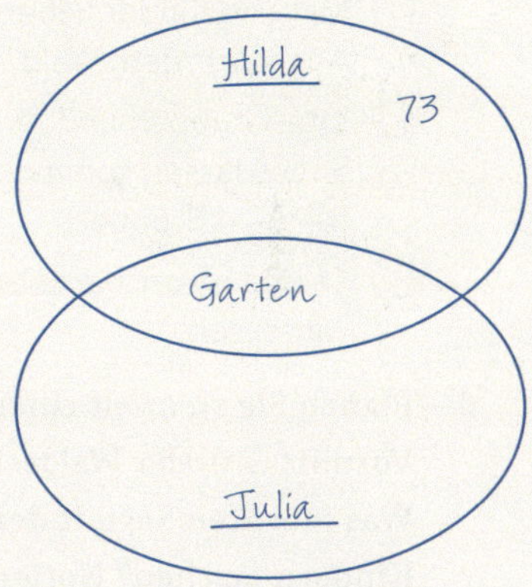

4 Welchen Menschen gibt es zum Glück in Ihrem Leben? Erzählen Sie zu dritt.

> Zum Glück gibt es meine Freundin Sonia in meinem Leben, weil sie sehr witzig ist und wir viel gemeinsam unternehmen.

> Wo habt ihr euch denn kennengelernt?

> Seit wann kennt ihr euch?

HÖREN

1 Sehen Sie die Bilder an und lesen Sie den Text. Arbeiten Sie dann zu viert. Schließen Sie die Augen. Sie sind im Wald. Was sehen / hören / denken / machen Sie? Sprechen Sie.

> Bei uns in Kanada gibt es ja manchmal wilde Tiere.

> Wald ist doch langweilig, da passiert doch nichts.

2 15 **2** Hören Sie das Gespräch zum Thema „Waldschule“ und sortieren Sie die Aussagen.

- (5) Erfolg ist, wenn die Kinder wiederkommen möchten.
- ( ) Die Waldschule ist auch in den Ferien geöffnet.
- ( ) Zeit in der Natur ist gut für Kinder.
- ( ) Manche Kinder haben Angst vor dem Wald.
- ( ) Kita-Gruppen und Schulklassen kommen für 3 – 4 Stunden.
- ( ) Thema ist oft die aktuelle Jahreszeit.

3 Planen Sie zu zweit einen Vormittag in der Waldschule. Was möchten Sie mit den Kindern machen? Notieren Sie Ideen, die Spaß machen! Erzählen Sie dann Ihre Ideen den anderen im Kurs.

- Basteln mit Holz
- Nüsse verstecken wie Eichhörnchen
- ...

Zurück zur Natur

Auf Bäume klettern, über Wiesen laufen, Insekten beobachten – draußen in der Natur zu spielen, ist gut für die Entwicklung von Kindern. Es hilft, wichtige Fähigkeiten und auch Wissen über Pflanzen und Tiere aufzubauen. Manche Kinder verbringen aber nur selten Zeit in der Natur und wissen wenig über sie. Das gilt besonders für Kinder aus der Stadt. Waldschulen möchten sie mit der Natur in Kontakt bringen. In einer davon arbeitet Peter Carstens.

Viel Arbeit – wenig Geld

Sie arbeiten selbstständig und haben keine Mitarbeiter*innen. Deshalb nennt man sie „Ein-Personen-Unternehmen“ oder „Solo-Selbstständige“. Die meisten von ihnen arbeiten viel, verdienen aber wenig – wie der Übersetzer Alex Moser aus Wien.

In einer Ecke seines Schlafzimmers führt Alex Moser gerade ein wichtiges Kundengespräch. Er sitzt an seinem Schreibtisch, schaut auf den Bildschirm und spricht per Videoanruf mit einer Hotelbesitzerin aus Kärnten. Der Schreibtisch im Schlafzimmer ist sein Arbeitsplatz und die Hotelbesitzerin eine wichtige Kundin. Alex Moser übersetzt regelmäßig für sie. Er ist selbstständiger Übersetzer und arbeitet von zu Hause, allein.

Meist übersetzt Alex Moser vom Deutschen ins Englische. Er ist mit beiden Sprachen in Wien aufgewachsen. Dass er Englisch fast fließend spricht, aber auch in der österreichischen Kultur zu Hause ist, ist ein großer Vorteil. Alex Moser ist 35 Jahre alt und hat Übersetzer für Deutsch, Englisch und Japanisch studiert. Japanisch war ihm am Anfang wichtig. Denn wer eine nicht-europäische Sprache kann, verdient meistens mehr. „Ich war sogar ein Jahr in Japan“, erzählt er, „habe aber damals schon gemerkt, dass ich die Sprache nie perfekt können werde.“ Deshalb hat er entschieden, sich auf ein bestimmtes Thema zu spezialisieren: Tourismus. Also hat er auch noch Tourismus studiert.

Er arbeitet für Reiseunternehmen und verschiedene Hotels in den Alpen. „Ich übersetze vor allem Marketing-Texte“, sagt er. „Da braucht man sehr gute Übersetzungen von Menschen.“ Das sind zum Beispiel Websiten, kleine Werbezeitschriften oder Social-Media-Posts. Das kann eine Übersetzungssoftware noch nicht so gut.

Als Selbstständiger bekommt Alex Moser keinen Lohn wie ein Arbeitnehmer, sondern ein Honorar. „Von diesem Geld muss ich dann noch Steuern und meine Krankenversicherung zahlen“, sagt er. „Eigentlich müsste ich davon auch für das Alter sparen. Doch dafür reichen die Honorare nicht.“ Um genug zu verdienen, arbeitet Alex Moser oft auch abends oder am Wochenende.

Moser mag seine Arbeit, die Sprachen und den Kontakt zu den Kund:innen. „Aber leider sind die Honorare viel zu niedrig“, sagt er. „Ich will auch nicht mehr abends und an Wochenenden arbeiten müssen.“ Bald möchte er eine Familie gründen, das würde jetzt nicht gehen. Gerade hat ein Reiseunternehmen ihm eine Teilzeit-Stelle angeboten. Dann würde er jeden Monat einen Lohn bekommen und hätte finanzielle Sicherheit. Gleichzeitig könnte er aber auch noch übersetzen. „Das ist ein tolles Angebot“, sagt er. „Da muss ich nicht lange nachdenken.“

LESEN

1 Sehen Sie das Bild und die Überschrift an. Was meinen Sie? In welchen Berufen hat man viel Arbeit und verdient wenig Geld? Sammeln Sie im Kurs.

Lehrer!

Warum Lehrer? Lehrer arbeiten viel und verdienen auch viel.

Aber bei uns in Polen verdienen Lehrer nicht viel.

2 Lesen Sie den Text. Partner/in A liest bis Zeile 19, Partner/in B liest von Zeile 20 bis zum Ende. Machen Sie Notizen und erzählen Sie.

Partner/in A
Arbeitsplatz:
Studium: Übersetzer für ...

Partner/in B
Kunden:
Honorar:
Pläne:

3 Was würden Sie arbeiten, wenn Geld kein Problem wäre? Erzählen Sie in der Gruppe.

Ich würde total gern als Gärtnerin arbeiten.

Als Gärtnerin? Warum denn das?

HÖREN

2 16 **1** Lesen Sie den Text und hören Sie dann. Was passt zu wem? Markieren Sie in drei Farben: Anne – Malik – Marko.

a **Warum Sabbatical?**
- mehr Zeit für Hobbys
- gesundheitliche Probleme
- wollte studieren

b **Wie lange?**
- vier Monate
- ein halbes Jahr
- fast ein Jahr

c **Was gemacht?**
- gereist und sich sozial engagiert
- war beim Psychologen
- Studienabschluss gemacht

d **nach dem Sabbatical?**
- besseren Job gefunden
- anfangs schwierig
- kann besser mit Stress umgehen

2 Gründe für ein Sabbatical

a Sehen Sie die Statistik an. Was passt zu Ihnen? Sprechen Sie zu zweit und notieren Sie dann Stichwörter auf Kärtchen.

> Ich würde einen Malkurs machen! Ich male so gern und habe nie genug Zeit dafür!

mehr Zeit für Hobbys – Malkurs

b Sammeln Sie die Kärtchen und machen Sie eine Kursstatistik. Was würde der Kurs machen? Sprechen Sie im Kurs.

> Wow, so viele wollen mehr Zeit mit der Familie verbringen, das habe ich nicht erwartet.

DAS SABBATICAL

EINE AUSZEIT AUF ZEIT

Viele Deutsche wünschen sich ein Sabbatical, also eine Auszeit von ihrem Beruf. Mal eine Zeit lang ganz was anderes machen und dann wieder zurück an den Arbeitsplatz. Mittlerweile ermöglichen das viele Arbeitgeber:innen und immer mehr Angestellte in Deutschland haben das schon ausprobiert. Studien sagen nämlich auch, dass die meisten nach dem Sabbatical glücklicher waren, mehr Energie hatten und sich weniger gestresst fühlten. Und das ist natürlich auch gut für die Firma!

Nina Metz

Nachgefragt! „Wie war Ihr Sabbatical?"

Nina Metz spricht heute mit Hörer:innen über ihre Erfahrungen im Sabbatical. Rufen Sie an und erzählen Sie uns über Ihre Auszeit vom Beruf!

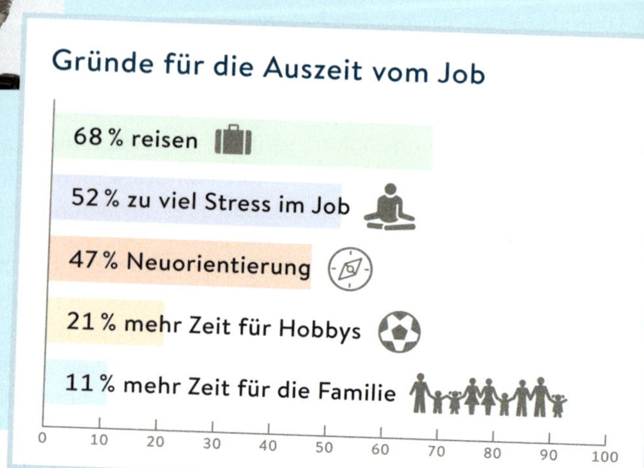

Warum Nichtstun gut für die Gesundheit ist

Wann haben Sie das letzte Mal nichts getan? Wann haben Sie einfach auf einer Bank gesessen und längere Zeit in den Himmel geschaut? Nichts zu tun, fällt vielen Menschen in Deutschland schwer. Die meisten haben sich so sehr an einen ständig vollen Terminkalender gewöhnt, dass sie gar nicht wissen, wie es geht: das Nichtstun. Dabei ist es wichtig für Körper und Seele.

Aus der Wissenschaft ist schon länger bekannt: Das menschliche Gehirn braucht Zeiten der Ruhe. Denn erst dann kann es Erlebnisse, Gelerntes oder Erinnerungen verarbeiten, Gedanken ordnen und Gefühle wirklich fühlen. Vor allem negative Gefühle brauchen Platz, um sich zu verändern und schließlich auch aufzulösen. Wer ständig arbeitet und sich nicht regelmäßig entspannt, wird eher psychisch krank. Und noch etwas haben Studien gezeigt: Personen, die ihre Gedanken auch mal wandern lassen, sind kreativer, sie haben mehr gute Ideen und können danach wieder besser arbeiten. Immer beschäftigt zu sein, schadet auch der körperlichen Gesundheit: Es ist schlecht für das Herz, die Fettverbrennung und auch für das Immunsystem.

Aber wie können Sie das Nichtstun in den Alltag einbauen? Zum Beispiel durch ein festes tägliches Ritual. Am besten wählen Sie einen ruhigen Ort, an dem Sie sich wohlfühlen, wie etwa eine Bank im Garten oder einen bequemen Stuhl am Fenster. Machen Sie es sich gemütlich und lassen Sie Ihre Gedanken wandern. Vielleicht spüren Sie den Wind im Gesicht, hören die Blätter der Bäume rascheln oder riechen die Kräuter aus dem Garten. Wichtig ist, dass Sie nichts schaffen oder erledigen müssen. Beginnen Sie mit einer Auszeit von fünf Minuten und verlängern Sie die Zeit immer ein bisschen weiter. Die genaue Dauer ist nicht wichtig. Das Wichtigste ist, dass Sie sich jeden Tag mindestens eine Auszeit nehmen.

Wer das komplette Nichtstun schwierig findet, kann auch leichter beginnen: Sie können frühstücken, ohne nebenbei aufs Smartphone zu schauen, im Park spazieren gehen oder auf dem Weg zur Arbeit in der U-Bahn mal nichts lesen. Auch eine kurze Meditation oder ein paar Minuten Yoga können Ihnen helfen, sich zu entspannen – und bereiten Sie auf den nächsten Schritt vor: das absolute Nichtstun.

LESEN

1 Sehen Sie das Bild an und lesen Sie den Artikel bis Zeile 6. Wann haben Sie das letzte Mal nichts getan?

> Nichts getan? Das kann ich gar nicht, ich hab dafür keine Zeit.

2 Lesen Sie den Text weiter. Partner/in A liest bis Zeile 17 und notiert Gründe, Partner/in B liest ab Zeile 18 und notiert Tipps für das Nichtstun. Sprechen Sie dann.

3 Wie finden Sie die Tipps? Sprechen Sie im Kurs.

> Ich habe auch ein tägliches Ritual. Ich ...

4 Machen Sie eine Nichtstun-Challenge. Eine Woche lang, jeden Tag fünf Minuten nichts tun! Sammeln Sie zu viert Ideen.

Mo	Di	
Wolken beobachten	Sterne anschauen	

5 Lesen Sie die Vorschläge der anderen. Sprechen Sie über einen Vorschlag, der Ihnen gefällt.

> Also, Wolken beobachten finde ich toll!

HÖREN

1 Sehen Sie das Bild an und lesen Sie den Text. Wann haben Sie das letzte Mal in der Arbeit ein Lob bekommen? Sprechen Sie in der Gruppe.

> Letzte Woche! Da habe ich ein großes Projekt abgeschlossen.

> Mein Chef lobt mich nie, das finde ich schade.

2 Richtig loben!

2 17 **a** Hören Sie: Welche Tipps gibt Frau Winter? Kreuzen Sie an.

- ○ Regelmäßig loben ist wichtig.
- ○ Lob muss ehrlich und klar sein.
- ○ Man sollte auch das ganze Team loben.
- ○ Man sollte nur das Ergebnis loben.
- ○ Loben Sie auch persönliche Eigenschaften.
- ○ Man sollte nicht vergleichen.
- ○ Loben Sie so viel wie möglich!

b Arbeiten Sie zu zweit. Sprechen Sie mit Ihrer Partnerin / Ihrem Partner über die Tipps.

> Vergleiche sind doch gut! Ich möchte besser als die anderen sein. Das motiviert mich!

3 Loben Sie eine Person im Kurs.

Schreiben Sie alle Namen auf einen Zettel. Jede/r zieht einen Namen und schreibt für diese Person etwas Positives auf den Zettel. Suchen Sie Ihren Namen und lesen Sie Ihr Lob.

Liebe / Lieber ..., mit dir ist Deutsch lernen nie langweilig!

Richtig loben – aber wie?

„Gut gemacht!" – Das hören wir gern! Positives Feedback, Lob und Anerkennung machen uns glücklich. Wenn wir gelobt werden, arbeiten wir mehr und besser. Und wir arbeiten vor allem auch lieber und haben mehr Spaß bei der Arbeit!

Aber wie lobt man richtig und was sollte man beim Loben beachten?

Wir sprechen heute mit Sophie Winter, Abteilungsleiterin in einem großen Unternehmen.

Nachhaltig

IN DER KÜCHE! – SO GEHT'S!

Nachhaltig leben im Alltag – das wollen wir alle. Aber wo und wie kann man anfangen? Wir sagen: in der Küche! Hier finden Sie ein paar einfache und praktische Tipps für eine umweltfreundliche Küche, probieren Sie sie aus!

___

Kennen Sie das? Manchmal schmecken Tomaten nach Sommer und manchmal einfach nur nach nichts. Wahrscheinlich haben Sie die leckere Sommer-Tomate im Sommer gekauft und sie kam frisch vom Feld. Wenn man Obst und Gemüse aus der Region und in der richtigen Jahreszeit kauft, schmeckt es einfach besser und hat noch dazu viel mehr Vitamine. Außerdem spart man CO_2 beim Transport und Energie bei der Produktion.

___

In der Küche produzieren wir viel Abfall, vor allem Verpackungsmüll. Auf Märkten oder in Unverpacktläden findet man Produkte, die nicht verpackt sind. Man bringt selbst seine Verpackung mit: eine Stofftasche für Gemüse oder ein Marmeladenglas für den Reis. So kann man auch kleine Mengen kaufen, genau so viel, wie man gerade braucht. Und man wirft kein Essen weg, weil man zu viel eingekauft hat.

___

Sie essen gerne Fondue, aber nur 2- oder 3-mal im Jahr? Dann teilen Sie Ihr Fondue-Set doch mit Ihren Freund:innen oder Nachbar:innen! Viele Küchengeräte benutzt man nur selten, da ist es billiger und spart Elektromüll, wenn man die Geräte gemeinsam mit anderen kauft oder nur ausleiht. In vielen Städten gibt es inzwischen sogar Leihläden, wo man zum Beispiel auch Eismaschinen und Fritteusen findet.

___

Wussten Sie, dass ein Hamburger mehr als 2000 Liter Wasser in der Produktion benötigt und dass dabei auch viel CO_2 entsteht? Wenn Sie mehr Gemüse essen, tun Sie der Umwelt etwas Gutes und auch Ihrem Körper: Experten empfehlen nämlich nur 1- bis 2-mal pro Woche Fleisch auf dem Teller.

LESEN

1 Überfliegen Sie die Texte und ordnen Sie vier Überschriften zu.

- Weniger Fleisch essen
- Müll vermeiden
- Nachhaltige Materialien
- Teilen oder ausleihen
- Regional und saisonal
- Müll richtig trennen

2 Arbeiten Sie zu zweit. Partner/in A liest die Texte 1 + 2, Partner/in B die Texte 3 + 4. Sprechen Sie über Ihre Texte.

> Regionales und saisonales Obst kaufen: Das bedeutet … Also, man soll zum Beispiel eine Tomate in Deutschland im Sommer kaufen. Dann …

> Ja, aber es ist auch oft teurer. Das kann sich nicht jeder leisten.

3 Nachhaltig im Alltag! Was machen Sie?

a Arbeiten Sie in Gruppen. Notieren Sie: Was machen Sie? Machen Sie dann einen Kursspaziergang und kommentieren Sie die Ideen der anderen.

> *Ich nehme immer eine Kaffeetasse von zu Hause mit …*

> Das mache ich auch, aber ich vergesse meine Tasse leider oft!

b Welcher Tipp hat Ihnen besonders gut gefallen?

> Marina verpackt ihre Geschenke in Zeitungspapier! Gute Idee!

ZU LEKTION ZU AUFGABE

01 1b → S. 9

Wie reagieren Sie, wenn …? WIEDERHOLUNG

a Lesen Sie den Fragebogen und kreuzen Sie an oder ergänzen Sie: Was passt zu Ihnen?

WIE REAGIEREN SIE, WENN …

1 Sie jemanden in einem Online-Kurs erkennen?

- ○ Ich lächle und winke.
- ○ Ich schreibe sofort eine Nachricht im Privatchat.
- ○ Ich freue mich still und leise.
- ○ ……………………………

3 Sie auf der Straße eine unbekannte Person grüßt?

- ○ Ich grüße freundlich zurück.
- ○ Ich frage, ob wir uns kennen.
- ○ Ich schaue schnell weg.
- ○ ……………………………

2 Sie sich nicht mehr an den Namen einer Person erinnern?

- ○ Ich benutze einfach irgendeinen Namen.
- ○ Ich entschuldige mich und frage nach dem Namen.
- ○ Ich vermeide den Namen und sage einfach „du".
- ○ ……………………………

4 Sie auf einer Party jemanden kennenlernen möchten?

- ○ Ich tue so, als ob wir uns kennen.
- ○ Ich begrüße die Person und stelle mich vor.
- ○ Ich warte, bis mich die Person anspricht.
- ○ ……………………………

b Fragen Sie Ihre Partnerin / Ihren Partner und sprechen Sie.

Was machst du, wenn dich auf der Straße eine unbekannte Person grüßt?

Wenn mich auf der Straße eine unbekannte Person grüßt, frage ich, ob wir uns kennen. Und du?

Also, ich schaue schnell weg, weil mir das total peinlich ist.

G

		Ende
Ich grüße freundlich zurück,	wenn mich auf der Straße eine unbekannte Person	grüßt.

G

	Ende		Position 2	
Wenn mich auf der Straße eine unbekannte Person	grüßt,	(dann)	freue	ich mich einfach.

7 → S. 11

Immer wenn du „und“ gesagt hast, …

a Arbeiten Sie zu zweit. Was war gestern? Schreiben Sie einen Fantasiebericht in der *Ich*-Form (ca. 100 Wörter).

Gestern bin ich erst um 10 Uhr aufgestanden.
Ich habe geduscht und dann habe ich richtig gut gefrühstückt:
Kaffee und Orangensaft, Brot mit Käse und sogar ein Ei …

b Erfinden Sie einen „Code“: Bei welchen Code-Wörtern machen Sie diese Zeichen? Notieren Sie in der Tabelle. Ein Code-Wort kann mehrmals oder nur einmal vorkommen.

Zeichen		Code-Wort
	die Augen zumachen	und
	den Kopf schütteln	
	kurz aufstehen	
	lächeln	
	die Hand heben	

c Arbeiten Sie mit einem anderen Paar zusammen. Eine/r von Ihnen liest den Text vor, die / der andere macht die Zeichen dazu. Das andere Paar beobachtet und rät: Welches Zeichen gehört zu welchem Wort? Tauschen Sie dann die Rollen.

02 3b → S. 14

Rollenspiel: Ich finde die Wohnung ganz schön, aber …

a Arbeiten Sie zu zweit. Lesen Sie die Situation und die Wohnungsanzeige. Wählen Sie dann eine Rolle (Partner/in A oder Partner/in B). Machen Sie sich Notizen zu Ihrer Rolle: Was möchten Sie sagen?

SITUATION

Sie (Partner/in A und Partner/in B) sind schon lange gute Freundinnen / Freunde. Sie möchten nun zusammen in eine Wohnung ziehen. Sie haben eine günstige Wohnung gefunden, die aber nicht sehr groß ist. Sie müssen sich bis morgen entscheiden, ob Sie die Wohnung nehmen oder nicht.

Hübsche kleine 1,5 Zimmer-Wohnung, 40 m², kleine Einbauküche, mit Dusche / WC, am Stadtrand von Berlin. S-Bahnstation in 15 Min. mit dem Rad zu erreichen.
GÜNSTIG!

Kontakt:
reischenberger@immogünstig.de

PARTNER/IN A

Sie finden die Wohnung ganz schön, aber Sie haben Zweifel, weil …
- ein Zimmer sehr klein ist.
- es keinen Balkon gibt.
- …

PARTNER/IN B

Sie würden die Wohnung sofort nehmen, denn …
- sie ist sehr günstig.
- Sie haben schon so lange nach einer gemeinsamen Wohnung gesucht.
- …

b Welche Sätze wollen Sie verwenden? Markieren Sie.

Zweifel ausdrücken	Zuversicht ausdrücken
Versteh mich nicht falsch, aber …	Ich bin optimistisch, dass …
Ich hab' da so meine Zweifel, dass …	Ich bin (total) überzeugt, dass das richtig ist.
Man darf (auch / dabei) nicht vergessen, dass …	Das kann ich mir gut vorstellen. / Ich kann mir gut vorstellen, dass …
Ich weiß nicht, ob das gut ist.	
Das müssen wir uns wirklich gut überlegen.	

c Spielen Sie das Gespräch.

- Partner/in A: Ich finde die Wohnung ganz schön, aber ich hab' da so meine Zweifel, dass sie groß genug ist.
- Partner/in B: Ja, aber ich kann mir gut vorstellen, dass …

6b → S. 16

Schreibspiel WIEDERHOLUNG

a Arbeiten Sie zu dritt. *Weil, deshalb* oder *denn*? Ergänzen Sie die Tabellen.

G

Hauptsatz		Hauptsatz		
	(Position 0)		Position 2	
Ich bin sehr gern allein,		.... darum daher deswegen	brauche	ich nicht viele Freunde.
Ich brauche nicht viele Freunde,	....	ich	bin	sehr gern allein.

G

Hauptsatz	Nebensatz	
		Ende
Ich brauche nicht viele Freunde,	.... ich sehr gern allein	bin.

b Arbeiten Sie zu dritt. Jede/r schreibt einen Satz (1, 2 oder 3) auf einen Zettel und gibt den Zettel weiter. Schreiben Sie den Satz neu. Benutzen Sie einen anderen Konnektor (*darum, daher,* ...) und geben Sie den Zettel weiter. Welche Gruppe schreibt in zehn Minuten die meisten Sätze?

1 Ich finde Ehrlichkeit sehr wichtig, darum sage ich meinen Freunden immer die Wahrheit.
Ich sage meinen Freunden immer die Wahrheit, weil ich Ehrlichkeit sehr wichtig finde.

2 Ich rufe meine beste Freundin dreimal in der Woche an, weil ich sie oft vermisse.
Ich vermisse meine beste Freundin oft, ...

3 *Ich habe fast 100 Freunde, denn ich bin nicht gern allein.*
Ich bin nicht gern allein, ...

+ SCHON FERTIG?

Überlegen Sie sich drei weitere Sätze. Spielen Sie noch eine Runde.

02 7a → S. 16

Freundschaft heißt für mich … ZWISCHENSCHRITT

a Arbeiten Sie allein oder zu zweit. Lesen Sie die Fragen 1–6 und die Aussagen A–F und ordnen Sie zu: Welche Aussage zum Thema „Freundschaft“ passt zu welcher Frage?

1 B Kann man Freundinnen / Freunde haben, die viel älter / jünger sind als man selbst?
2 ◯ Kann man mehrere Freundinnen / Freunde haben?
3 ◯ Kann man mit einem Tier befreundet sein?
4 ◯ Kann man mit jemandem befreundet sein, den man nur virtuell kennt?
5 ◯ Wie viele Freundinnen / Freunde kann man maximal haben?
6 ◯ Kann man ein Leben lang mit jemandem befreundet sein?

A

In Freundschaften muss man investieren. Eine gute Freundschaft gibt es nicht umsonst, denn Verbundenheit gibt es nicht einfach so. Deswegen sollte man meiner Meinung nach nicht zu viele Freundinnen haben.

B

90 % von allen Kontakten, die ich habe, sind aus meiner Generation. Meine Freundinnen und Freunde sind in einer ähnlichen Lebenssituation und haben ähnliche Probleme. Darum kann ich mir eine Freundschaft mit einer viel jüngeren oder älteren Person nicht vorstellen.

C

Warum sind virtuelle Freundschaften eigentlich schlechter als reale Freundschaften? Man kann sich beim Gamen oder in sozialen Netzwerken kennenlernen und viel Spaß miteinander haben. Ich habe viele virtuelle Freundinnen und Freunde, denn ich finde es ganz schön, wenn ich mich nicht dauernd mit Leuten treffen muss.

D

Ich habe rund 270 Freunde in sozialen Netzwerken. Aber ich habe nur drei beste Freunde und fünf wirklich enge Freunde. Nur mit meinen besten Freunden spreche ich über unsere persönlichen Gefühle und Probleme.

E

Ich bin der Meinung, dass auch Tiere echte Freunde sein können. Sie sind – wie wir Menschen auch – gern mit anderen zusammen und zeigen auch ihre Gefühle. Wir empfinden weniger Stress, wenn wir gute soziale Kontakte haben. Das funktioniert meiner Meinung nach auch im Kontakt mit Tieren.

F

Meine Freundin und ich sind schon seit der Grundschulzeit beste Freundinnen. Wir sind uns gar nicht so ähnlich, aber das macht nichts – ja, wir feiern sogar unsere Unterschiede. Übrigens: Die meisten Menschen haben ihre engsten Freundinnen und Freunde schon in der Schulzeit kennengelernt. Das habe ich irgendwo mal gelesen.

b Welche Aussagen und Argumente finden Sie interessant? Markieren Sie. Gehen Sie dann zurück auf Seite 16.

03 **5c** → S. 19

Gedichtewerkstatt WIEDERHOLUNG

a Arbeiten Sie zu viert. Lesen Sie die Wörter in den Wortwolken und schreiben Sie ein Gedicht: „Das ist unser Ding!“ wie im Beispiel auf Seite 88. Verwenden Sie so viele Adjektive wie möglich. Tauschen Sie dann mit einer anderen Gruppe.

spannend
alt, nett, laut, lecker, einsam, schön, toll
neu, groß, gemütlich, gut
lieb, warm
lang, ganz, lustig, salzig
früh, deutsch
kalt, schrecklich
süß, wunderschön, witzig, blau
...

etwas unternehmen, lesen, liegen
sehen, hören, spielen, trinken, lernen, feiern
fahren, planen, joggen gehen, schicken, kaufen
kochen, streicheln, schauen, spazieren gehen, essen
...

◆ Buch
◆ Bild, ◆ Essen, ◆ Gitarre, ◆ Freundinnen / Freunde, ◆ Stadt
◆ Sessel, ◆ Arbeitstag, ◆ Lieder, ◆ Sprache
◆ Wiese, ◆ Mutter, ◆ Länder, ◆ Sofa, ◆ Fahrrad, ◆ Auto
◆ Tasse Tee, ◆ Familie, ◆ Sprachnachrichten, ◆ Chips, ◆ Spiele
◆ Nachbarin / ◆ Nachbar, ◆ Kinder, ◆ Film, ◆ Kleid, ◆ Party, ◆ Eis
◆ Videos

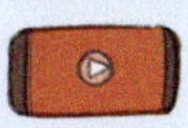

◆ Strand

◆ Katzen, ◆ Meer, ...
◆ Decke

stundenlang, nach einem Arbeitstag
im Herbst
im Frühling, am Morgen, am Abend
im Winter, an einem Sommerabend
...

Das ist unser Ding!

Mit meinen lieben Kindern an einem einsamen Strand spazieren gehen,
an warmen Sommerabenden mit guten Freunden ein leckeres Eis essen,
im kalten Winter unter einer warmen Decke einen spannenden Film sehen,
witzige Videos an meine ganze Familie schicken,
mit meiner neuen Freundin auf das blaue Meer schauen,
die süßen Katzen auf dem alten Sofa streicheln,
mit der netten Nachbarin eine große Party planen,
und die wunderschöne, schreckliche deutsche Sprache lernen. 😉

SCHON FERTIG?

Schreiben Sie noch ein Gedicht.
Das ist gar nicht mein Ding!

Das ist gar nicht mein Ding!
Im Regen mit meinem nassen Hund spazieren gehen,
langweilige Grammatiktabellen ausfüllen,
...

	◆ maskulin	◆ neutral	◆ feminin	◆ Plural
Nominativ	der lange Arbeitstag	das spannende Buch	die neue Gitarre	die netten Freundinnen
Akkusativ	den gemütlichen Sessel	das blaue Meer	die deutsche Sprache	die süßen Katzen
Dativ	im kalten Winter	auf dem alten Sofa	mit der netten Nachbarin	mit den guten Freunden

= -e
= -en

	◆ maskulin	◆ neutral	◆ feminin	◆ Plural
Nominativ	ein lustiger Film	ein tolles Kleid	eine warme Tasse Tee	- schöne Lieder
Akkusativ	einen spannenden Film	ein leckeres Eis	eine große Party	- witzige Videos
Dativ	an einem einsamen Strand	bei einem guten Essen	unter einer warmen Decke	an - warmen Sommerabenden

= -en

	◆ Plural: Negativ- und Possessivartikel
Nominativ	keine lauten Partys
Akkusativ	keine lustigen Spiele
Dativ	mit meinen lieben Kindern

auch so: mein-, dein-, sein-, ...

b Lesen Sie Ihr Gedicht vor. Die anderen notieren: Welche Zeile hat Ihnen besonders gut gefallen?

03 6b → S. 20

Meine SUPERKRÄFTE – Jahras Checkliste

a Lesen Sie Jahras Checkliste und kreuzen Sie an: Was passt zu Ihnen?

Meine SUPERKRÄFTE – Jahras Checkliste

Finde heraus, was du liebst und was du gut kannst. Du lernst dich so besser kennen und ich dich auch! In einem gemeinsamen Gespräch finden wir dann heraus, was dich glücklich macht! Ich bin gespannt auf deine Antworten. Viel Spaß damit!

		😃	😐	☹️
1	Ich bin teamfähig, denn ich arbeite gern mit anderen zusammen, habe viele Ideen und freue mich über die Ideen der anderen.	⬡	⬡	⬡
2	Wenn jemand Hilfe braucht, bin ich gern bereit zu helfen.	⬡	⬡	⬡
3	Ich kann gut mit Menschen umgehen. Menschen interessieren mich und ich bin gern mit Menschen zusammen.	⬡	⬡	⬡
4	Wenn es Konflikte gibt, dann spreche ich die an. Man muss darüber reden!	⬡	⬡	⬡
5	Wenn es ein Problem gibt, bleibe ich ruhig und finde Lösungen.	⬡	⬡	⬡
6	Ich bin handwerklich begabt und arbeite gern mit meinen Händen.	⬡	⬡	⬡
7	Ich bin eine gute Zuhörerin / ein guter Zuhörer und kann andere gut verstehen, wenn sie ein Problem haben. Und ich gebe ihnen meist gute Tipps.	⬡	⬡	⬡
8	Ich kann gut rechnen.	⬡	⬡	⬡
9	Ich kann mich gut motivieren, auch wenn ich mal keine Lust habe.	⬡	⬡	⬡
10	Ich bin gut organisiert und arbeite gründlich.	⬡	⬡	⬡
11	Ich arbeite gern alleine. Und ich liebe die Arbeit am Computer.	⬡	⬡	⬡
12	Man kann mir vertrauen. Ich erzähle Neuigkeiten nicht weiter.	⬡	⬡	⬡
13	Ich kann viele Dinge parallel machen.	⬡	⬡	⬡
14	Bei technischen Fragen kommen immer alle zu mir.	⬡	⬡	⬡
15	Ich verstehe Zusammenhänge schnell.	⬡	⬡	⬡

b Wo haben Sie 😃 angekreuzt? Wählen Sie Ihre drei wichtigsten Stärken und machen Sie Notizen. Gehen Sie dann zurück auf Seite 20.

Meine Superkräfte
1 Ich kann gut rechnen.
2 Ich bin handwerklich begabt.
3 Ich arbeite gern alleine und liebe die Arbeit am Computer.

+ SCHON FERTIG?

Finden Sie weitere Stärken und ergänzen Sie Ihre Checkliste.

04 **3b** → S. 26

Was machen Sie, damit …?

a Arbeiten Sie in Gruppen. Jede Gruppe ergänzt <u>einen</u> Wortigel mit Tipps.

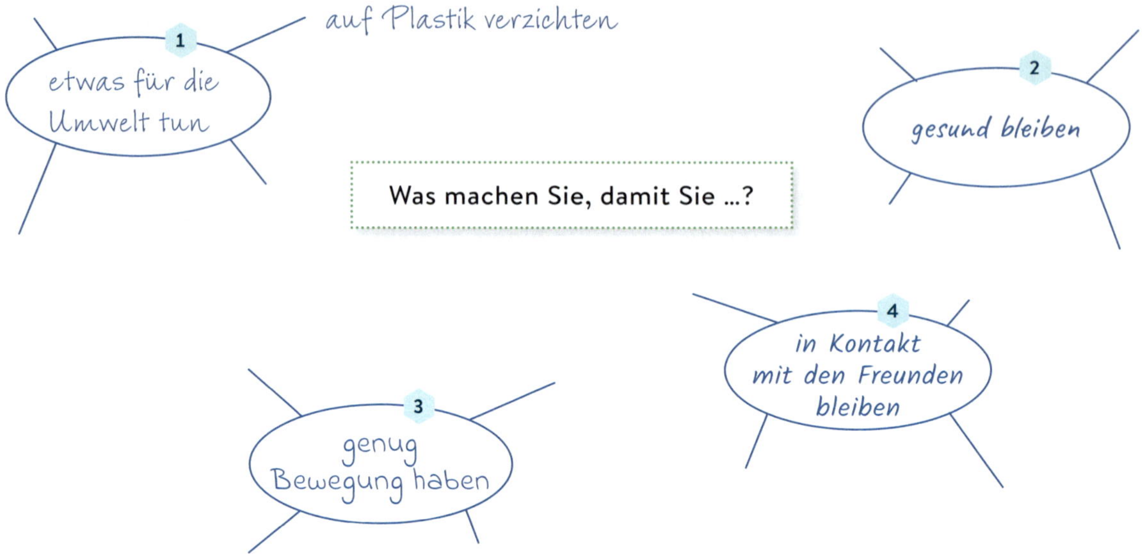

b Bilden Sie neue Gruppen mit jeweils einer Person aus jeder Gruppe. Jeder Wortigel muss vertreten sein. Erzählen Sie: Welche Tipps haben Sie gesammelt? Bilden Sie Sätze mit *damit*.

> Damit wir etwas für die Umwelt tun, verzichten wir auf Plastik. Wir fahren auch weniger Auto, damit wir …

c Wählen Sie für alle vier Fragen das beste Beispiel und machen Sie ein Plakat.

5b → S. 27

Würfelspiel: *damit* oder *um … zu*?

Arbeiten Sie in Gruppen. Würfeln Sie und ziehen Sie mit Ihrer Spielfigur. Werfen Sie dann eine Münze und bilden Sie einen Satz. Der Satz ist richtig? Sie bekommen einen Punkt. Wer hat die meisten Punkte?

Ergänzen Sie den Satzanfang mit *damit*.

Ergänzen Sie den Satzanfang mit *um … zu*.

Ich hole meine Tochter jeden Tag von der Schule ab, damit sie nicht allein nach Hause gehen muss.

START

1 Ich hole meine Tochter jeden Tag von der Schule ab, …

2 Ich mache jeden Tag eine Stunde Sport, …

3 Ich kaufe meinen Kindern keine Süßigkeiten, …

4 Ich kaufe meinem Opa ein Smartphone, …

5 Ich mache drei Wochen Urlaub, …

6 Ich lebe in der Stadt, …

7 Ich mache eine Weiterbildung, …

8 Ich lese meiner blinden Nachbarin Bücher vor, …

9 Ich kaufe mir eine Zange, …

10 Ich brauche eine gute Pfanne, …

11 Meine Mutter nimmt jeden Tag Vitamine, …

12 Ich schreibe meinem Kollegen jeden Tag eine E-Mail, …

ZIEL

+ SCHON FERTIG?

Schreiben Sie weitere Satzanfänge. Ihre Partnerin / Ihr Partner ergänzt mit *damit* oder *um … zu*.

G

Menschen brauchen tatsächlich lange, damit sie auf eine alte Gewohnheit verzichten.

=

= Menschen brauchen tatsächlich lange, um auf eine alte Gewohnheit zu verzichten.

Ich hole meine Tochter jeden Tag von der Schule ab, damit sie nicht allein nach Hause gehen muss.

~~um zu~~

einundneunzig

04 **7b** → S. 28

1 🔊 06

Eine Präsentation hören ZWISCHENSCHRITT

a Hören Sie eine Präsentation zu dem Projekt in 7a. In welcher Reihenfolge wird über die Themen gesprochen? Ordnen Sie die Folien.

⬡ 2

⬡

⬡

⬡

⬡

⬡

b Lesen Sie die Sätze und ordnen Sie zu. Hören Sie dann noch einmal und vergleichen Sie. Gehen Sie dann zurück auf Seite 28.

Gibt es / Habt ihr noch Fragen oder Anmerkungen? | Es geht um (das Thema) … | ~~Wir kommen zum Schluss. Wir wollten noch sagen …~~ | Vielen Dank für eure Aufmerksamkeit! | Ich erzähle euch jetzt etwas über …

K

eine Präsentation einleiten / halten	eine Präsentation abschließen
Ich spreche über …	Wir kommen zum Schluss. Wir wollten noch sagen …
Zuerst möchte ich über … reden, dann über …	

8a → S. 28

Eine Präsentation halten

a Arbeiten Sie zu zweit. Machen Sie eine kleine Präsentation zum Thema: „Fahrradfreundliche Projekte“. Recherchieren Sie: In welchen Städten weltweit gibt es fahrradfreundliche Projekte, die Sie interessant finden?

Was für ein Schulweg!
Bei der Aktion *bicibús** fahren die Kinder in Barcelona jeden Freitag zusammen mit dem Fahrrad zur Schule. Der Autoverkehr steht still.
* Fahrradbus
Eine Reportage von Dilek Sanchez

Neuer Rekord für Weßling
Beim diesjährigen Stadtradeln fuhren letzte Woche 450 Bürger:innen insgesamt 104.124 Kilometer in unserer Gemeinde.

b Bereiten Sie die Präsentation vor. Erstellen Sie Folien und notieren Sie Stichpunkte. Gehen Sie dann zurück auf Seite 28.

1

Was für ein Schulweg!

» Aktion *bicibús* (Fahrradbus)
» Barcelona
» Schulkinder

05 1d → S. 29 PARTNER/IN A

Ich würde gern … WIEDERHOLUNG

a Arbeiten Sie zu zweit. Sagen Sie Ihrer Partnerin / Ihrem Partner, was Sie gern machen würden. Ihre Partnerin / Ihr Partner macht einen Vorschlag. Fragen Sie nach weiteren Informationen (Zeitpunkt, Kosten, Programm …) und machen Sie Notizen.

mein Wunsch	Vorschlag
mit der ganzen Familie einen netten Tag auf dem Land verbringen	*Sommerfest im Uckerdorf: …*
mehr Informationen über biologische Landwirtschaft haben	
im Urlaub aktiv sein	

- ○ Partner/in A: Ich würde gern mit der ganzen Familie einen netten Tag auf dem Land verbringen. Was würdest du mir empfehlen? Hast du einen Tipp für mich?
- □ Partner/in B: Ihr könntet zum Sommerfest im Uckerdorf kommen. Da gibt es …
- ○ Partner/in A: Interessant! Wann findet das Fest statt?
- □ Partner/in B: Am Sonntag, 24. Juli, ab elf Uhr. Ach ja! Es gibt nur wenige Parkplätze. Ihr solltet am besten nicht mit dem Auto kommen.

G

Wünsche mit Konjunktiv II	Bitte um Rat mit Konjunktiv II
Ich würde gern … (verbringen). Ich hätte / wäre gern …	Was würdest du mir empfehlen?

b Ihre Partnerin / Ihr Partner äußert einen Wunsch. Lesen Sie die Anzeigen hier und auf Seite 95 und machen Sie einen Vorschlag. Geben Sie weitere Informationen.

1

www.uckerdorf.de

15.6. – 22.6., ganztags

„Wir bauen ein Erdhaus“

Workshop für alternatives Bauen
140 € / Person, inkl. Unterkunft (Schlafsaal / Zeltplatz) und Essen (dreimal tgl. in der Kantine)
Wir bauen ein Haus aus Naturmaterialien, halb unter der Erde.
Mehr Infos und Anmeldung

Achtung: Findet nur bei gutem Wetter statt.
Bitte informiert euch hier.

2

www.uckerdorf.de

Mo – Fr, 5. – 9. Dezember, 14:00 – 19:00 Uhr

Themenwoche „Miteinander reden“

Fortbildung zur friedlichen Kommunikation in privaten und beruflichen Beziehungen
80 € / Person inkl. Mittagessen in der Kantine
Leitung: Antonio Cavallucci und Dr. Margarethe Klinke
Mehr Infos und Anmeldung

Achtung: Ihr könnt im Uckerdorf übernachten und in der Kantine essen. Bei Interesse schreibt bitte eine E-Mail an info@uckerdorf.de.
Die Gästezimmer sind immer schnell besetzt!

3

www.uckerdorf.de

Jeden ersten Freitag im Monat, 15:00 – 18:00 Uhr

Info-Nachmittag „Entdecke das Uckerdorf“

Projektvorstellung und Führung durchs Uckerdorf
Kostenlos, keine Anmeldung nötig

Achtung: Im Winter und Frühling ist die Erde oft sehr nass. Bitte kommt mit guten Schuhen!

G

Vorschläge / Ratschläge mit Konjunktiv II

Du könntest ... (mitmachen).
Du solltest ... (informieren).

- Partner/in B: Ich würde gern einmal lernen, wie man ein alternatives Haus baut. Was würdest du mir empfehlen? Hast du einen Tipp für mich?
- Partner/in A: Du könntest beim Workshop „Wir bauen ein Erdhaus“ mitmachen. Da baut man ...
- Partner/in B: Interessant! Wie viel kostet der Workshop?
- Partner/in A: 80 € pro Person. Ach ja! Der Workshop findet nur bei gutem Wetter statt. Du solltest dich vorher kurz informieren, ob das Wetter gut ist.

05 5b → S. 32

Rätsel: Wenn ich ein „Dingsda“ wäre, …

a Arbeiten Sie in Gruppen. Wählen Sie drei Tiere und schreiben Sie zu jedem Tier ein Rätsel. Die Fragen unten helfen Ihnen dabei.

A

◆ Löwe, -n

B

◆ Schwein, -e

C

◆ Hase, -n

D

◆ Affe, -n

E

◆ Goldfisch, -e

F

◆ Ente, -n

G

◆ Fliege, -n

H

◆ Giraffe, -n

I

◆ Mücke, -n

J

◆ Krokodil, -e

K

◆ Schildkröte, -n

L

◆ Huhn, ¨-er

Wo würden Sie leben?	in Afrika · im Aquarium · auf Bäumen · auf dem Bauernhof · auf dem Feld · in der Luft · im Wald · am / im Wasser · im Wasser und / oder an Land · im Zoo · …
Wovon würden Sie sich ernähren?	von Bananen · von Blut · von Essensresten · von Fleisch · von Obst · von Salat · …
Was würden Sie den ganzen Tag machen?	mich ausruhen · Essen suchen · fressen · fliegen · im Wasser / … liegen · schlafen · schwimmen · spazieren gehen · spielen · …
Was könnten Sie besonders gut?	Eier legen · im Kreis schwimmen · klettern · laut schreien · Menschen und Tiere nerven · riechen · schnell laufen · stechen · tauchen · weit sehen · …
Wovor hätten Sie Angst?	vor Fröschen · vor Hunden · vor Katzen · vor Krokodilen · vor den Menschen · vor niemandem · vor Vögeln · …

Wenn ich ein „Dingsda“ wäre, würde ich in Afrika leben. Ich würde …

b Wählen Sie eine Aufgabe.

Lesen Sie Ihre Rätsel im Kurs vor. Die anderen raten.

- Wenn ich ein „Dingsda" wäre, würde ich in Afrika leben. Ich würde mich den ganzen Tag ausruhen und Fleisch fressen. Ich hätte vor niemandem Angst.
- Löwe!
- Nein. Ich würde im Wasser leben.
- Krokodil!
- Richtig.

oder

Hängen Sie Ihre Rätsel im Kurs auf. Die anderen lesen die Rätsel und schreiben dazu, welches Tier gemeint ist.

06 **6** → S. 35

***obwohl* oder *trotzdem*?** WIEDERHOLUNG

a Lesen Sie die Sätze und ergänzen Sie *obwohl* oder *trotzdem* in den Tabellen.

G

		Position 2	
1 Ich konnte kein Deutsch.	....	bin	ich vor vier Jahren nach Deutschland gekommen.

G

			Ende
2 Vor vier Jahren bin ich nach Deutschland gekommen,	....	ich kein Wort Deutsch	konnte.

b Arbeiten Sie zu zweit. Lesen Sie die Aussagen. Partner/in A schreibt die Sätze 1–3 mit *obwohl* und die Sätze 4–6 mit *trotzdem*. Partner/in B schreibt die Sätze 1–3 mit *trotzdem* und die Sätze 4–6 mit *obwohl*.

1 Wir lernen viel voneinander. Der Altersunterschied ist groß.
2 Ich hatte Angst. Ich habe etwas Neues gewagt.
3 Ich habe eine Website erstellt. Ich kenne mich nicht gut mit Computern aus.
4 Ich hab' noch nie ein Live-Video gemacht. Ich freu mich darauf.
5 Er hat schon total viel Erfahrung. Er ist erst 28.
6 Das war unser erstes Live-Video. 70 Leute haben zugeschaut.

A
1 Wir lernen viel voneinander, obwohl der Altersunterschied groß ist.
2 ...

B
1 Der Altersunterschied ist groß. Trotzdem lernen wir viel voneinander.
2 ...

c Tauschen Sie Ihre Zettel und korrigieren Sie, wenn nötig.

06 9 → S. 36

Man muss auch sehen, dass ...

a Schreibkarussell. Arbeiten Sie zu dritt. Lesen Sie die Beiträge. Jede/r in der Gruppe schreibt einen Kommentar zu einem Text und gibt dann den Zettel nach links weiter.

www.etwasneueswagen.de

1 

Alina, 25: Mein Freund und ich überlegen, ob wir ins Ausland gehen sollen. Wir wollen irgendwohin, wo es viel Sonne gibt. 😉 Und dort dann arbeiten und leben. Aber natürlich bin ich mir auch unsicher. Hier einfach alles aufgeben? Was meint ihr? Sollen wir es wagen?

2 

Alexey, 54: Ich bin seit vielen Jahren selbstständig und habe jetzt ein tolles Angebot bekommen, in einer großen Firma angestellt zu sein. Aber ich bin mir nicht sicher. Weniger Freiheit, aber mehr Sicherheit! Was denkt ihr? Soll ich das machen?

3 

Edwina, 28: Habt ihr schon mal mit einem Freund oder einer Freundin zusammengearbeitet? Meine Freundin und ich wollen vielleicht ein Start-up gründen, wollen aber unsere Freundschaft nicht kaputt machen. Was denkt ihr? Ist das Risiko zu groß?

KOMMENTIEREN

K

etwas kritisch bewerten	Mut machen
Also, ich bin mir nicht sicher, ob das klappt, denn ...	Ich bin (absolut) sicher, dass es gelingen wird, denn ...
Man muss auch sehen, dass ...	Ich kann gut verstehen, dass ..., aber ...
Ich denke, dass das kaum möglich ist, denn ...	Ich bin davon überzeugt, dass das alles gut gehen wird!
Also, ich bezweifle, dass ...	Das wird schon gut gehen!
	Da bin ich sehr zuversichtlich!

Hi, Alina!
Ganz ehrlich? Ich denke, dass das kaum möglich ist, denn ...

b Jede/r schreibt einen weiteren Kommentar. Das Schreibkarussell ist zu Ende, wenn alle in der Gruppe zu jedem Post einen Kommentar geschrieben haben.

Hi, Alina!
Ganz ehrlich? Ich denke, dass das kaum möglich ist, denn ...
Das wird schon gut gehen! Ich denke, ...

c Welchen Kommentar finden Sie besonders interessant? Warum? Sprechen Sie im Kurs.

07 **2a** → S. 42

Unterwegs

Fragespiel: Sehen Sie das Bildlexikon an und spielen Sie dann zu dritt.

oder

Arbeiten Sie zu dritt. Sehen Sie das Bildlexikon an und lesen Sie die Spielanleitung und die Fragen. Jede/r sucht sich drei Fragen aus, die besonders interessant sind. Sprechen Sie.

FRAGESPIEL

- Sie brauchen:  
- Stellen Sie Ihre Figuren auf das Feld „Start". Der / Die jüngste Spieler/in beginnt und wirft die Münze.

 Gehen Sie zwei Felder vor.  Gehen Sie ein Feld vor.

- Wenn Sie auf einem Feld sind, antworten Sie maximal 30 Sekunden lang auf die Frage. Die anderen machen kurze Notizen.
- Das Spiel endet, wenn der / die erste Spieler/in wieder auf dem Feld „Start" angekommen ist.

START → 1 → 2 → 3 → 4 → 5 → 6 → 7 → 8 → 9 → 10 → 11 → 12 → 13 → 14 → 15 → 16 → START

1 Haben Sie unterwegs schon einmal jemanden kennengelernt? Sind Sie noch in Kontakt?
2 Welche prominente Person hätten Sie gern als Reisebegleitung und warum?
3 Was war Ihre unangenehmste Fahrt / Reise und warum?
4 Mit welchem Verkehrsmittel sind Sie am liebsten unterwegs?
5 Was wäre für Sie eine Traum-Unterkunft?
6 Finden Sie, dass es an manchen Orten zu viele Touristinnen / Touristen gibt?
7 Sie sind in einer fremden Stadt: Was für eine Übernachtung wäre Ihnen am liebsten? Bei Freunden oder Familie, im Hotel, im Zelt, in einer Ferienwohnung, ...?
8 Möchten Sie eine Hochzeitsreise machen oder haben Sie eine gemacht? Wohin?
9 Wie informieren Sie sich auf Reisen? Haben Sie einen Reiseführer?
10 Was in Ihrem Zuhause vermissen Sie am meisten, wenn Sie unterwegs sind?
11 Was würden Sie lieber machen: einen Erholungs- oder einen Abenteuerurlaub?
12 Sind Sie schon einmal getrampt? Wenn ja: Wie war das? Wenn nein: Warum nicht? 
13 Was ist Ihr schönstes Souvenir einer Reise / eines Ausflugs?
14 Wohin möchten Sie unbedingt mal reisen?
15 Was nehmen Sie immer mit, wenn Sie unterwegs sind? Warum?
16 Was ist die schönste Sehenswürdigkeit, die Sie je gesehen haben?

Okay. Ich bin auf Feld 1. Ja, ich habe unterwegs schon mal jemanden kennengelernt! Und zwar: meine spätere Frau! Ich war vor ein paar Jahren im Zug unterwegs zurück nach Sevilla – das ist meine Heimatstadt – und neben mir saß eine sehr sympathische junge Frau ... Wir haben uns die ganze Fahrt lang super unterhalten und haben dann Nummern ausgetauscht ... Ja, und dann – das habe ich ja schon erzählt!

Wow, das ist ja toll! So eine schöne Geschichte!

07 3d → S. 42

Was machen Sie gern allein, zu zweit ...?

a Arbeiten Sie zu zweit. Lesen Sie und ergänzen Sie: Was machen Sie gern allein (A), zu zweit (Z) oder in der Gruppe (G)? Notieren Sie dann noch drei Aktivitäten und Ihre Antworten.

Aktivität	Ich	Meine Partnerin / Mein Partner
verreisen	Z	G
spazieren gehen		
Sport machen		
einen spannenden Film schauen		
einen Ausflug machen		
arbeiten		
in eine Ausstellung gehen		
einkaufen gehen		
kochen		
im Restaurant essen		
in einen Club gehen		
Musik hören		
....		
....		
....		

b Fragen Sie dann Ihre Partnerin / Ihren Partner, ergänzen Sie die Informationen und sprechen Sie.

- ○ Marie, ich verreise nicht gern allein, und du?
- □ Ich auch nicht. Am liebsten fahre ich mit meinen Freunden weg. Ich habe eine sehr nette Clique und wir haben schon öfter zusammen eine Campingreise gemacht. Und du? Mit wem verreist du am liebsten?
- ○ Ich fahre am liebsten mit meiner Freundin weg. Wir kennen uns schon seit zehn Jahren und wir sind ein gutes Team. Letztes Jahr waren wir zusammen für eine Woche bei Freunden in Paris.

5a → S. 43

Mein Forumsbeitrag

a Einen Forumsbeitrag vorbereiten. Wählen Sie eine Stadt, in die Sie schon einmal gereist sind. Notieren Sie auf Zetteln drei Fakten über die Stadt und drei persönliche Bewertungen / Erfahrungen.

Lüneburg
sehr hübsche Stadt

ca. 50 Kilometer von Hamburg entfernt

hat Universität, Daniel Libeskind (bekannter Architekt): Zentralgebäude entworfen

wahnsinnig schöne Cafés und Bars, viele sympathische junge Leute

Der zentrale Platz „Am Sande“: gehört zu bedeutendsten mittelalterlichen Plätzen in D.

Altstadt: leider immer viel zu viele Touristinnen / Touristen

b Arbeiten Sie zu zweit. Mischen Sie Ihre sechs Zettel und tauschen Sie dann Ihre Notizen. Ihre Partnerin / Ihr Partner markiert in zwei Farben: Was ist Fakt? Was ist Ihre persönliche Bewertung / Erfahrung? Gehen Sie dann zurück auf Seite 43.

Lüneburg
sehr hübsche Stadt

hat Universität, Daniel Libeskind (bekannter Architekt): Zentralgebäude entworfen

Altstadt: leider immer viel zu viele Touristinnen / Touristen

Der zentrale Platz „Am Sande“: gehört zu bedeutendsten mittelalterlichen Plätzen in D.

wahnsinnig schöne Cafés und Bars, viele sympathische junge Leute

ca. 50 Kilometer von Hamburg entfernt

08 **4b** → S. 47

Satzkarussell

a Arbeiten Sie zu viert. Jede/r in der Gruppe wählt ein Thema (1–4) und schreibt die Satzanfänge auf einen Zettel, ergänzt einen Satz mit einem Infinitiv mit *zu* und gibt den Zettel weiter. Das Satzkarussell ist zu Ende, wenn alle in der Gruppe drei Sätze geschrieben haben.

1

Beschwerde

Leider haben Sie vergessen, ...
Ich bitte Sie, ...
Ich fordere Sie auf, ...

2

Liebesgedicht

Es macht mich glücklich, ...
Ich finde es so toll, ...
Ich kann mir gar nicht vorstellen, ...

3

Rede

Wir müssen endlich anfangen, ...
Wir müssen keine Angst haben, ...
Es ist unsere Pflicht, ...

4

Absage

Leider habe ich keine Zeit, ...
Es ist wirklich schwierig, ...
Ich habe nicht so große Lust, ...

1 Beschwerde

Leider haben Sie vergessen, die Gebrauchsanweisung für die Kaffeemaschine mitzuschicken.

Ich bitte Sie, die Gebrauchsanweisung noch zu schicken.

Ich fordere Sie auf, das so schnell wie möglich zu tun.

b Welcher Text gefällt Ihnen am besten? Lesen Sie ihn im Kurs vor.

6b → S. 48

Diskussionsrunde

a Arbeiten Sie in Gruppen. Sammeln Sie Argumente für eine Rolle aus 6a auf Seite 48. Notieren Sie und entscheiden Sie dann: Wer von Ihnen nimmt an der Diskussion teil?

Bürgermeisterin
Freiwilliges Soziales Jahr: attraktiver für junge Leute machen
bessere Bezahlung
...

- ○ Okay, wir haben die Rolle der Bürgermeisterin. Was für Argumente haben wir?
- □ Ich finde das Argument in Artemis' Kommentar gut: ...

b Bilden Sie neue Gruppen und spielen Sie zu viert die Diskussion. Jede Rolle muss vertreten sein. Verwenden Sie die Sätze aus 5 auf Seite 48.

Wir müssen das Freiwillige Soziale Jahr attraktiver machen. Junge Leute wollen eine gute Bezahlung.

Da muss ich widersprechen ...

Darf ich direkt etwas dazu sagen? ...

Entschuldigung, wenn ich unterbreche, aber da bin ich ganz anderer Meinung ...

c Was hat Ihnen gut gefallen? Geben Sie allen aus der Diskussionsrunde ein positives Feedback.

Ich finde, Tessa hat die Rolle der Kindergärtnerin gut gespielt. Sie hat mich wirklich überzeugt.

...

09 3a → S. 51

Ein Auslandssemester ist (nicht) für jede/n das Richtige. ZWISCHENSCHRITT

a Arbeiten Sie zu viert. Jede/r liest eine Aussage (A – D) auf Seite 104. Lesen Sie dann die Sätze 1 – 8 und entscheiden Sie: Wer berichtet das? Ergänzen Sie. Je zwei Sätze passen zu einer Person.

1 Johannes hat etwas verpasst.
2 .... hat in schwierigen Situationen Hilfe bekommen.
3 .... hat am Anfang Familie und Freunde vermisst.
4 .... hat den Auslandsaufenthalt nicht anstrengend gefunden.
5 .... hat viele Leute kennengelernt.
6 .... hat den Aufenthalt und die Zeit davor als persönliche Herausforderung erlebt.
7 .... wollte etwas für den Lebenslauf tun.
8 .... hat die Freiheit genossen.

A

Marlen

Zuerst hatte ich richtig Heimweh. Ich war weit weg von meinen Leuten, alleine in einem kleinen Apartment und habe mich einfach nur einsam gefühlt. Aber dann habe ich ein Zimmer in einer WG gefunden. Wir waren zu siebt: alles internationale Studierende. Wir hatten so viel Spaß zusammen und jetzt habe ich Kontakte in alle Teile der Welt. So ein Auslandssemester ist einfach eine super Chance!

B

Johannes

Ich hatte eigentlich von Anfang an nicht viel Lust, so lange von zu Hause wegzugehen. Aber alle haben gesagt, dass man für Bewerbungen später einfach Auslandserfahrung braucht. Also habe ich es gemacht. Genau als ich weg war, hat mir meine Traumfirma in Deutschland dann einen tollen Praktikumsplatz angeboten. Am Ende hat auch noch meine Freundin Schluss gemacht. Das war wirklich alles ganz schön hart für mich. Ein Auslandssemester ist nicht für jede/n das Richtige.

C

Ruth

Viele haben Angst, dass sie sich im Ausland fremd fühlen: Man versteht ja oft nicht alles ganz genau und man kann vielleicht auch nicht alles sagen, man erlebt Missverständnisse und macht „interkulturelle Erfahrungen", die nicht immer nur schön sind. Ich finde das aber überhaupt nicht schlimm. Im Gegenteil: Ich fühle mich gern als Besucherin und beobachte alles genau. Das Auslandssemester war für mich deshalb eine sehr entspannte Zeit und ich habe mich unglaublich frei gefühlt.

D

Björn

Ich wollte schon immer unbedingt nach Albanien und habe den Aufenthalt dort ganz allein organisiert. Schon die Vorbereitung war ein Abenteuer für mich und ich bin stolz, dass ich es geschafft habe. Natürlich hat nicht alles perfekt geklappt: Als ich angekommen bin, hatte ich zum Beispiel noch keine Unterkunft. Aber ein Mitarbeiter von der Uni hat sofort ein Zimmer für mich gefunden. Ich habe echt stressige Momente erlebt, aber es gab auch immer Leute, die mir geholfen haben!

b Tauschen Sie dann in der Gruppe Ihre Ergebnisse aus und ergänzen Sie die fehlenden Namen.

c Welche Erfahrungen (1–8) könnten auch zu Ihnen passen? Warum? Sprechen Sie. Gehen Sie dann zurück auf Seite 51.

> Wenn ich im Ausland studieren würde, würde ich auch meine Familie vermissen ...

09 5c → S. 52

Eine (halb-)formelle E-Mail schreiben

a Arbeiten Sie zu zweit. Lesen Sie die Situationen A und B. Wählen Sie dann eine Situation und machen Sie Notizen zu den Punkten 1–4.

Situation A:
Sie bekommen eine E-Mail von einer Mitarbeiterin der Sprachenschule: Frau Simic bittet Sie, dass Sie bei einem Info-Nachmittag über Ihre Erfahrungen mit dem Deutschlernen berichten. Die Veranstaltung findet am Mittwoch ab 17 Uhr statt. Ihr Deutschkurs dauert aber bis 18 Uhr.

Situation B:
Sie bekommen eine E-Mail von einer Universität in Österreich, wo Sie früher einen Deutschkurs gemacht haben: Herr Laurenz sucht nach Teilnehmer:innen für eine Online-Umfrage zum Thema „Sprachkenntnisse im Alltag". Die Voraussetzung ist, dass man das Sprachniveau B1 abgeschlossen hat. Sie machen Ihre B1-Prüfung aber erst in einem Monat.

1. Betreff der E-Mail:
2. Sie entschuldigen sich höflich. Grund:
3. anderer Vorschlag:
4. weitere Fragen:

b Beantworten Sie zu zweit die E-Mail. Verwenden Sie Ihre Notizen aus **a** und die Ausdrücke im Kasten. Vergessen Sie nicht die Anrede und die Grußformel am Schluss.

K

eine (halb-)formelle E-Mail schreiben	sich höflich entschuldigen	etwas begründen
Anrede: Sehr geehrte Frau ..., ... / Sehr geehrter Herr ..., ... / Sehr geehrte Damen und Herren, ... **Schluss:** Mit freundlichen Grüßen	... leider ... Es tut mir leid, aber ...	Wegen ... ..., weil ... ... Deshalb ...

K

Alternativen vorschlagen	weitere Fragen stellen	sich bedanken
Ich kann ... voraussichtlich ... Wäre das für Sie in Ordnung? Ich könnte ... Wäre das möglich?	Ich hätte noch eine weitere Frage: ...? Außerdem wollte ich Sie fragen, ob / wann ...	Vielen Dank für ... Besten Dank (im Voraus)!

c Tauschen Sie Ihre Texte mit einem anderen Paar. Lesen Sie die E-Mail der anderen und schreiben Sie Kommentare.

Betreff: Teilnahme an Umfrage

Sehr geehrter Herr Laurenz,
Vielen Dank für Ihre E-Mail. Leider kann ich an der Umfrage nicht teilnehmen, weil ich ...

Ich glaube, nach der Anrede schreibt man klein weiter.

10 **3c** → S. 58 PARTNER/IN A

Wer sagt was über seine Arbeit?

Linus

a Was denkt Linus? Ergänzen Sie: *seit* oder *bis*?

1 Seit ich diesen Job habe, freue ich mich jeden Morgen auf die Arbeit.
2 .... meine Chefin mir immer wieder Feedback gibt, arbeite ich viel motivierter.
3 Ich arbeite jeden Tag, ... ich meine Ziele erreicht habe.
4 Besonders glücklich bin ich mit meiner Arbeit, ... ich öfter im Homeoffice arbeiten kann.
5 Ich möchte in diesem Unternehmen arbeiten, ... ich in Rente gehe!

b Und was denkt Theo? Fragen Sie Ihre Partnerin / Ihren Partner und ergänzen Sie die fehlenden Informationen.

Theo

Seit wann?	Seit er einen neuen Chef hat,	fühlt Theo sich überhaupt nicht mehr wohl.
Seit wann?	Die Zusammenarbeit funktioniert nicht mehr gut,	....
Bis wann?	Er wartet nur noch,	....
Seit wann?	.... ,	ist er total unmotiviert.
Bis wann?	Er zählt die Tage,	....

c Ihre Partnerin / Ihr Partner stellt Fragen zu Linus. Antworten Sie.

+ SCHON FERTIG?

Schreiben Sie Sätze über sich selbst. Verwenden Sie *seit* und *bis*.

Ich arbeite bei IT-Purlitz, seit ich meine Ausbildung fertig gemacht habe.

5b → S. 60

„Tipp-Generator“

Arbeiten Sie zu zweit. Schreiben Sie Tipps für das Berufsleben. Erfinden Sie auch eigene Sätze. Welches Paar hat zuerst zehn Tipps geschrieben?

TIPP-GENERATOR

das Licht im Büro ausmachen	bevor	eine Teamsitzung haben
den Computer einschalten	während	ein Bewerbungsgespräch haben
nicht aufs Handy schauen		Mittagspause haben
sich vorbereiten		mit Kolleginnen / Kollegen reden
keine Mails lesen		Kaffee kochen
sich von den Kolleginnen / Kollegen verabschieden		arbeiten
keine Musik hören		ein Meeting haben
konstruktiv sein		nach Hause gehen
keine privaten Telefongespräche führen		Feierabend haben
freundlich sein		mit der Chefin / dem Chef sprechen
nachdenken		…
…		

1 Machen Sie im Büro das Licht aus, bevor Sie nach Hause gehen.
2 Schalten Sie den Computer ein, bevor …
3 …

10 **6b** → S. 60

Eine Statistik

a Arbeiten Sie zu zweit. Sehen Sie die Statistik an. Was meinen Sie? Ergänzen Sie die Statistik.

sympathische Kolleginnen und Kollegen | höheres Gehalt | flexible Arbeitszeiten | Kinderbetreuung | Angebote zur beruflichen Weiterbildung

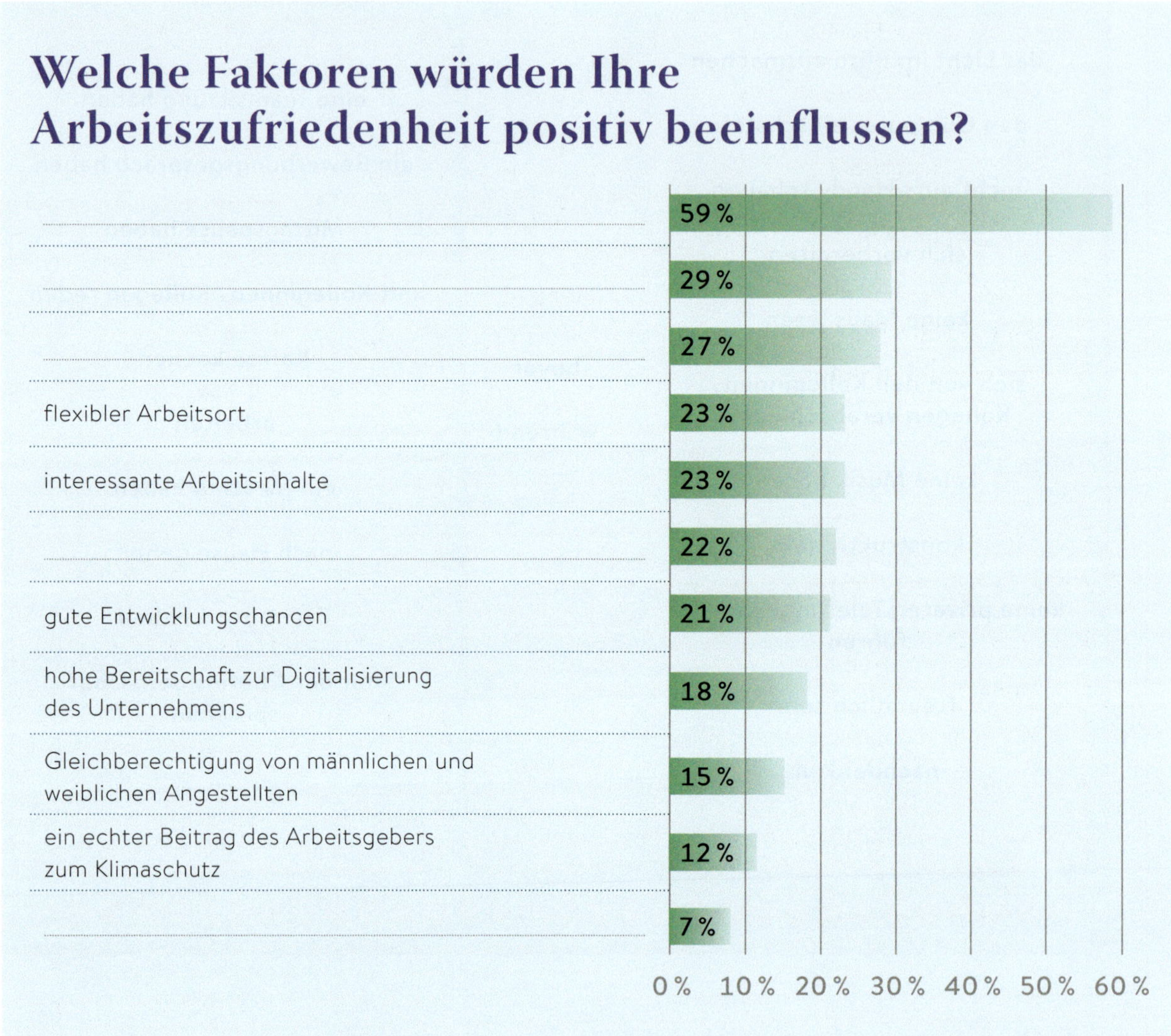

2 🔊 08

b Hören Sie und vergleichen Sie.

c Vergleichen Sie nun die Statistik mit Ihren Notizen in **6a** auf Seite 60. Haben Sie dieselben Faktoren gesammelt? Sprechen Sie.

> Wir hatten den Punkt „kompetente Chefinnen und Chefs" notiert. Der kommt in der Statistik gar nicht vor.

> Ja, komisch! Allerdings fehlt in unserer Sammlung der Punkt „Gleichberechtigung". Der ist aber auch wichtig!

11 **2a** → S. 61

Eine Matte, die meine Lieblings-Influencerin empfiehlt, … WIEDERHOLUNG

Lesen Sie die Wortwolke und schreiben Sie einen Relativsatz zu jedem der Produkte 1–4. Tauschen Sie dann die Zettel mit Ihrer Partnerin / Ihrem Partner und schreiben Sie ihre / seine Sätze zu Ende.

Meine Lieblings-Influencerin empfiehlt ihn / es / sie.

Jemand verkauft ihn / es / sie secondhand.

Ich habe ihn / es / sie nicht ausprobiert.

Er / Es / Sie kostet / kosten 30 Euro.

Er / Es / Sie ist / sind nicht ganz perfekt.

Er / Es / Sie ist / sind aus recyceltem Material hergestellt.

Ich habe ihn / es / sie nur im Internet gesehen.

…

1 Einen Stift,
2 Ein Handy,
3 Eine Matte,
4 Schuhe,

…

würde ich sofort / vielleicht / eher nicht / sicher nicht / niemals kaufen.

1 Einen Stift, der 30 Euro kostet, würde ich niemals kaufen.
2 Ein Handy, …
3 …

G

	Nominativ	Akkusativ
◆	Einen Stift, der 30 Euro kostet, …	Einen Stift, den meine Lieblings-Influencerin empfiehlt, …
◆	Ein Handy, das …	Ein Handy, das …
◆	Eine Matte, die …	Eine Matte, die …
◆	Schuhe, die 30 Euro kosten, …	Schuhe, die …

+ SCHON FERTIG?

Schreiben Sie Sätze über weitere Produkte.

Eine Jacke, die meine Freundin auch hat, würde ich eher nicht kaufen.

11 5a → S. 63

Das ist mir wichtig.

Lesen Sie den Fragebogen, kreuzen Sie an und notieren Sie Beispiele.
Gehen Sie dann zurück auf Seite 63.

Verbraucher-Umfrage:

WIE WICHTIG SIND IHNEN DIESE PUNKTE BEIM KAUF VON PRODUKTEN?

Das Produkt …	unwichtig	wichtig	extrem wichtig
… hat eine gute Qualität.	⬡	⬡	⬡
… sieht gut aus.	⬡	⬡	⬡
… ist günstig.	⬡	⬡	⬡
… ist nicht ungesund. Glasflasche	⬡	⬡	☒
… ist aus nachhaltigem Material.	⬡	⬡	⬡
… ist vegan.	⬡	⬡	⬡
… kann man recyceln.	⬡	⬡	⬡

6b → S. 63 PARTNER/IN A

Wie heißt das noch mal?

Schreiben Sie zuerst Relativsätze zu Ihren Gegenständen. Fragen Sie dann Ihre Partnerin / Ihren Partner und ergänzen Sie die fehlenden Informationen.

A

◆ Stofftaschentuch

das Stück Stoff / mit dem Stück Stoff putzt man sich die Nase

Das Stück Stoff, mit dem man sich die Nase putzt.

B

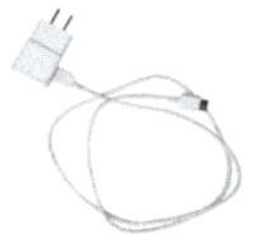

◆ Ladegerät

C

◆ ……………

das lange dünne Ding / an das Ding hängt man nasse Wäsche

……………

D

◆ Tastatur

E

◆ ……………

die Papierstückchen / ohne die Papierstückchen kommt die Post nicht an

……………

F

◆ Streichhölzer

G

◆ ……………

der weiche Gegenstand / mit dem Gegenstand kann man Bleistift wegmachen

……………

H

◆ Mülltonne

I

◆ ……………

der Gegenstand aus Stoff / in dem Gegenstand kann man etwas transportieren

……………

J

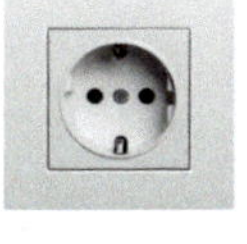

◆ Steckdose

K

◆ ……………

Schachtel / in der Schachtel kauft man Schuhe

……………

L

◆ USB-Stick

11

- Partner/in A: Wie heißt noch mal das Stück Stoff, mit dem man sich die Nase putzt?
- Partner/in B: Meinst du vielleicht ein Stofftaschentuch?

- Partner/in B: Wie heißt noch mal der Gegenstand, mit dem man das Handy auflädt?
- Partner/in A: Meinst du vielleicht ein Ladegerät?

G

	Präposition + Dativ
◆	der Gegenstand, in dem ...
◆	das Ding, auf dem ...
◆	die Schachtel, in der ...
◆	die Stückchen, mit denen ...

G

	Präposition + Akkusativ
◆	das Ding, an das ...
◆	die Stückchen, ohne die ...

12 **6c** → S. 67 PARTNER/IN A

Picknick am See

a Arbeiten Sie zu zweit. Lesen Sie eine Information vor. Ihre Partnerin / Ihr Partner nennt die Folge. Schreiben Sie dann gemeinsam einen Satz mit *sodass* oder *so …, dass*.

1 Es war Traumwetter. → …
2 Finn ist spät angekommen. → …
3 Henry hat den Grill vergessen. → …
4 Ainhoas Kuchen war lecker. → …

○ Partner/in A: Es war Traumwetter. Ja … und?
□ Partner/in B: Wir haben ein Picknick am See gemacht.

1 Es war Traumwetter, sodass wir ein Picknick am See gemacht haben.

b Ihre Partnerin / Ihr Partner liest eine Information vor. Nennen Sie die Folge. Schreiben Sie dann gemeinsam einen Satz mit *sodass* oder *so …, dass*.

5 … → Wir konnten den See als Kühlschrank benutzen.
6 … → Es war den Kindern nicht langweilig.
7 … → Alle haben richtig Durst bekommen.
8 … → Wir haben am Ende noch richtig Party gemacht.

□ Partner/in B: Das Wasser war kalt. Ja … und?
○ Partner/in A: Wir konnten den See als Kühlschrank benutzen.

5 Das Wasser war so kalt, dass wir den See als Kühlschrank benutzen konnten.

G

		Ende
Es war Traumwetter,	sodass wir ein Picknick am See	gemacht haben.
Das Wasser war so kalt,	dass wir den See als Kühlschrank	benutzen konnten.

+ SCHON FERTIG?
Was ist sonst noch passiert? Schreiben Sie weitere Sätze mit *sodass* oder *so …, dass*.

AUFGABEN FÜR PARTNER/IN B

05 1d → S. 29 PARTNER/IN B

Ich würde gern … WIEDERHOLUNG

a Arbeiten Sie zu zweit. Ihre Partnerin / Ihr Partner äußert einen Wunsch. Lesen Sie die Anzeigen und machen Sie einen Vorschlag. Geben Sie weitere Informationen.

1

www.uckerdorf.de

Sonntag, 24. Juli, ab 11 Uhr

Großes Sommerfest im Uckerdorf

Imbiss, Kaffee und Kuchen aus der Gemeinschaftsküche
Musik, Erzählstunde, Spiele und Aktionen im Uckergarten – für Groß und Klein
Wir freuen uns auf euch!

Achtung: Es gibt nur wenige Parkplätze! Wenn es geht, kommt bitte nicht mit dem Auto. Den aktuellen Bus-Fahrplan findet ihr hier.

2

www.uckerdorf.de

von März bis Oktober

Mitmach-Woche

Eine Woche mithelfen (5 Std / Tag, in der Landwirtschaft, in der Gemeinschaftsküche, in der Werkstatt …) und das Leben im Uckerdorf kennenlernen.
Ankunft: Sonntag bis 18 Uhr, Ende: Samstag (eine Woche später), nach dem Mittagessen
70 € / Person
3 x täglich Essen in der Kantine, Unterkunft im Schlafsaal oder auf dem Zeltplatz (bitte eigenes Zelt mitbringen), inkl. Vorstellung des Projekts und Workshop zur Teamarbeit
Mehr Infos und Anmeldung

Achtung: Im Juli und August gibt es immer viele Anmeldungen! Meldet euch also früh an.

3

www.uckerdorf.de

Mittwoch, 10. September, 19:00 – 21:00 Uhr

Vortrag: Biogemüse aus dem Uckergarten (auch online)

Wir stellen unsere Landwirtschaft vor und beantworten eure Fragen!
Kostenlos, keine Anmeldung nötig

Achtung: Wenn ihr online teilnehmen wollt, schreibt bitte eine E-Mail an info@uckerdorf.de. Wir schicken euch dann den Link zur Veranstaltung.

- Partner/in A: Ich würde gern mit der ganzen Familie einen netten Tag auf dem Land verbringen. Was würdest du mir empfehlen? Hast du einen Tipp für mich?
- Partner/in B: Ihr könntet zum Sommerfest im Uckerdorf kommen. Da gibt es ...
- Partner/in A: Interessant! Wann findet das Fest statt?
- Partner/in B: Am Sonntag, 24. Juli, ab elf Uhr. Ach ja! Es gibt nur wenige Parkplätze. Ihr solltet am besten nicht mit dem Auto kommen.

G

Vorschläge / Ratschläge mit Konjunktiv II

Du könntest ... (mitmachen).
Du solltest ... (informieren).

b Sagen Sie Ihrer Partnerin / Ihrem Partner, was Sie gern machen würden. Ihre Partnerin / Ihr Partner macht einen Vorschlag. Fragen Sie nach weiteren Informationen (Zeitpunkt, Kosten, Programm ...) und machen Sie Notizen.

mein Wunsch	Vorschlag
einmal ein alternatives Haus bauen	Workshop „Wir bauen ein Erdhaus": ...
mehr Informationen über das Uckerdorf haben	
meine Kommunikation mit anderen verbessern	

- Partner/in B: Ich würde gern einmal lernen, wie man ein alternatives Haus baut. Was würdest du mir empfehlen? Hast du einen Tipp für mich?
- Partner/in A: Du könntest beim Workshop „Wir bauen ein Erdhaus" mitmachen. Da baut man ...
- Partner/in B: Interessant! Wie viel kostet der Workshop?
- Partner/in A: 80 € pro Person. Ach ja! Der Workshop findet nur bei gutem Wetter statt. Du solltest dich vorher kurz informieren, ob das Wetter gut ist.

G

Wünsche mit Konjunktiv II	Bitte um Rat mit Konjunktiv II
Ich würde gern ... (verbringen). Ich hätte / wäre gern ...	Was würdest du mir empfehlen?

10 **3c** → S. 58 PARTNER/IN B

Wer sagt was über seine Arbeit?

Theo

a Was denkt Theo? Ergänzen Sie: *seit* oder *bis*?

1 Seit ich einen neuen Chef habe, fühle ich mich überhaupt nicht mehr wohl.
2 Die Zusammenarbeit funktioniert nicht mehr gut, ……… er mich immer nur kritisiert.
3 Ich warte nur noch, ……… ich endlich in ein neues Team komme.
4 ……… ich meine Aufgaben nicht mehr selbst organisieren kann, bin ich total unmotiviert.
5 Ich zähle die Tage, ……… ich einen neuen Job habe.

b Ihre Partnerin / Ihr Partner stellt Fragen zu Theo. Antworten Sie.

c Und was denkt Linus? Fragen Sie Ihre Partnerin / Ihren Partner und ergänzen Sie die fehlenden Informationen.

Linus

Seit wann?	Seit er diesen Job hat,	freut Linus sich jeden Morgen auf die Arbeit.
Seit wann?	………,	arbeitet er viel motivierter.
Bis wann?	Er arbeitet jeden Tag,	……… .
Seit wann?	Besonders glücklich ist er mit seiner Arbeit,	……… .
Bis wann?	Er möchte in diesem Unternehmen arbeiten,	……… .

+ SCHON FERTIG?

Schreiben Sie Sätze über sich selbst. Verwenden Sie *seit* und *bis*.

Ich arbeite bei IT-Purlitz, seit ich meine Ausbildung fertig gemacht habe.

11 **6b** → S. 63 PARTNER/IN B

Wie heißt das noch mal?

Schreiben Sie zuerst Relativsätze zu Ihren Gegenständen. Fragen Sie dann Ihre Partnerin / Ihren Partner und ergänzen Sie die fehlenden Informationen.

A

◆ Stofftaschentuch

B

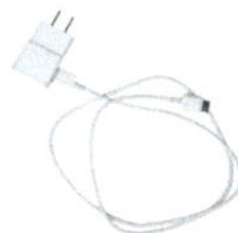

◆ Ladegerät

der Gegenstand / mit dem Gegenstand lädt man das Handy auf

Der Gegenstand, mit dem man das Handy auflädt.

C

◆ Wäscheleine

D

◆ ……………

das Ding / auf dem Ding tippt man am Computer

E

◆ Briefmarken

F

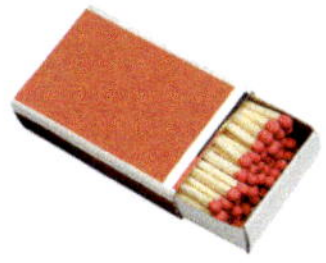

◆ ……………

die kleinen Holzstückchen / mit den Holzstückchen kann man Feuer machen

G

◆ Radiergummi

H

◆ ……………

das Ding / in das Ding wirft man Abfall

I

◆ Tasche

J

◆ ……………

das Ding an der Wand / aus dem Ding kommt der Strom

K

◆ Schuhkarton

L

◆ ……………

das kleine Ding / auf dem Ding kann man Dateien speichern

11

- Partner/in A: Wie heißt noch mal das Stück Stoff, mit dem man sich die Nase putzt?
- Partner/in B: Meinst du vielleicht ein Stofftaschentuch?

- Partner/in B: Wie heißt noch mal der Gegenstand, mit dem man das Handy auflädt?
- Partner/in A: Meinst du vielleicht ein Ladegerät?

G

	Präposition + Dativ
◆	der Gegenstand, in dem ...
◆	das Ding, auf dem ...
◆	die Schachtel, in der ...
◆	die Stückchen, mit denen ...

G

	Präposition + Akkusativ
◆	das Ding, an das ...
◆	die Stückchen, ohne die ...

12 6c → S. 67 PARTNER/IN B

Picknick am See

a Arbeiten Sie zu zweit. Ihre Partnerin / Ihr Partner liest eine Information vor. Nennen Sie die Folge. Schreiben Sie dann gemeinsam einen Satz mit *sodass* oder *so ..., dass*.

1 ... → Wir haben ein Picknick am See gemacht.
2 ... → Von der Pizza war nichts mehr da.
3 ... → Wir mussten die Würstchen roh essen.
4 ... → Alle wollten das Rezept haben.

- Partner/in A: Es war Traumwetter. Ja ... und?
- Partner/in B: Wir haben ein Picknick am See gemacht.

1 Es war Traumwetter, sodass wir ein Picknick am See gemacht haben.

b Lesen Sie eine Information vor. Ihre Partnerin / Ihr Partner nennt die Folge. Schreiben Sie dann gemeinsam einen Satz mit *sodass* oder *so ..., dass*.

5 Das Wasser war kalt. → ...
6 Am Ufer war ein Spielplatz. → ...
7 Die Pommes waren salzig. → ...
8 Eve hatte einen Lautsprecher dabei. → ...

- Partner/in B: Das Wasser war kalt. Ja ... und?
- Partner/in A: Wir konnten den See als Kühlschrank benutzen.

5 Das Wasser war so kalt, dass wir den See als Kühlschrank benutzen konnten.

G

		Ende
Es war Traumwetter,	sodass wir ein Picknick am See	gemacht haben.
Das Wasser war so kalt,	dass wir den See als Kühlschrank	benutzen konnten.

+ SCHON FERTIG?

Was ist sonst noch passiert? Schreiben Sie weitere Sätze mit *sodass* oder *so ..., dass*.

Lösungen zu den Schnelltests

MODUL 1

01

W **b** die Jugend **c** die Zukunft **d** die Geburt **e** die Gegenwart **f** das Alter

G **a** Wenn **b** als **c** Als **d** wenn **e** wenn **f** als

K 2, 4, 5, 1, 3

02

W Beziehungen: die / der Bekannte/r, der Freundeskreis, der Freund; Gefühle: die Verbundenheit, die Liebe, das Vertrauen

G **a** Bekannten; Mein Bekannter Oliver wohnt weit weg, daher sehe ich ihn nicht so oft. **b** Bekannte; Meine Bekannte Sandra und ich haben viele Gemeinsamkeiten, darum verstehen wir uns prima. **c** Bekannten; Unsere Bekannten besuchen uns oft spontan, deswegen nerven sie manchmal ein bisschen.

K 1a, 2b, 3b

03

W **b** fleißig **c** teamfähig **d** pünktlich **e** gründlich

G **a** wichtigste **b** schwierigeren **c** mutigste **d** größeres

K 2e, 3a, 4b, 5f, 6d

MODUL 2

04

W 1**b** gewöhnen **c** wiederholen **d** änderst **2a** Ausdauer **b** anstrengst **c** bewegen

G **a** Ich nehme heute Nachmittag frei, um ein Webinar zu machen. **b** Meine Kollegin übernimmt meine Arbeit, damit ich das Webinar machen kann. **c** Ich mache ein Webinar über gesunde Ernährung, damit mein Mann und ich uns besser ernähren. **d** Um etwas für die Umwelt zu tun, kaufen wir nur noch regionale Lebensmittel.

K 1a, 2b, 3b, 4a

05

W **b4C, c6B, d5A, e3E, f1D**

G **a** würde ... interessieren **b** könnten, würden ... ziehen **c** wäre, hätte

K **a** Frage **b** gesprochen **c** einig **d** Mehrere **e** nämlich **f** Insgesamt

06

W **b** wagen **c** umsetzen **d** sammeln **e** verwirklichen **f** eingehen

G **a** ..., obwohl er nicht viel Geld hat. **b** ..., obwohl er nicht so gut Englisch sprechen kann. **c** ..., obwohl er am Anfang große Angst hatte. **d** ..., obwohl seine Familie sich ziemlich über seine Pläne aufgeregt hat.

K 2, 4, 1, 5, 3

MODUL 3

07

W **a** Unterkunft **b** Sehenswürdigkeiten **c** Souvenirläden **d** Touristinnen **e** Touristen **f** Erholung

G **a** schwarzem **b** Kleines, ruhiger **c** Fröhliche, kleinem, nette, guten, aufregende

K 3, 1, 4, 2

08

W **a** Pflicht **b** Bürgerinnen **c** Bürger **d** Soziales **e** Ökologisches **f** Klimaaktivistin **g** Gesellschaft **h** freiwillig

G **a** verbessern. **b** anzufangen. **c** zu verändern. **d** engagieren. **e** zu tun.

K **1** 😐 Ich bin der Ansicht, dass... / Ich bin absolut der Überzeugung, dass / Ich bin ziemlich sicher, dass ... 🙂 Das sehe ich auch so. / Da hast du recht. / Ich bin ganz deiner Meinung. ☹ Da bin ich ganz anderer Meinung. / Da muss ich widersprechen. / Das sehe ich völlig anders.**2a** unterbreche **b** ausreden

09

W **a** Abschluss, Fach **b** Semester, Vorlesungen, Zertifikat **c** Studiengebühren

G **a** Trotz des großen Heimwehs **b** Wegen der intensiven Vorbereitung **c** Wegen der internationalen Kontakte

K 3, 5, 2, 6, 1, 4

MODUL 4

10

W **b** Arbeitsstelle **c** Berufserfahrung **d** Kündigung **e** Mitbestimmung **f** Feedback

G **1a** Ich habe drei Monate gebraucht, bis ich einen neuen Job hatte. **b** Er will hier arbeiten, bis er in Rente geht. **c** Seit wir bei der Aufgabenverteilung mitentscheiden können, sind wir total motiviert. **2a** Morgens schalte ich erst den Computer an, bevor ich mir einen Kaffee mache. **b** Ich kann keine Musik hören, während ich arbeite. **c** Ich habe die Fenster zugemacht, bevor ich nach Hause gegangen bin.

K 3, 2, 5, 1, 4

11

W 2, 6, 1, 4, 5, 3

G **b** Ich kenne viele Menschen, denen Umweltschutz wichtig ist. **c** Holz ist ein Material, aus dem man nicht nur Möbel machen kann. **d** Das ist ein Geldbeutel, für den kein Tier gestorben ist. **e** Ich habe eine Hose aus recyceltem Plastik, mit der ich sehr zufrieden bin.

K 2e, 3d, 4c, 5a

12

W **a** reiben **b** schälen **c** roh zubereiten **d** braten

G **b** Direkt neben meinem Büro gibt es ein Café mit Mittagsmenü, sodass ich nicht weit laufen muss. **c** Die Portionen sind so groß, dass ich oft etwas fürs Abendessen mitnehmen kann. **d** Abends esse ich meistens so spät, dass ich am Morgen noch keinen Hunger habe. **e** Und am Wochenende gehe ich gern aus, sodass ich meine Küche eigentlich gar nicht brauche.

K **b** Zutaten **c** Gewöhnlich **d** probieren **e** anders **f** bereite

Cover © Getty Images/E+/pixdeluxe
U2 © www.landkarten-erstellung.de HF/AB

S. 9: © Getty Images/iStock/Vadym Pastukh; Irati und Luisa © Getty Images/iStock/Vadym Pastukh
S. 10: © Getty Images/iStock/Fenne
S. 12: © Getty Images/iStock/splendens; Nanouk © Getty Images/iStock/Ridofranz; Liam © Getty Images/E+/Drazen_
S. 13: Ying Yang © Rawpixel.com – stock.adobe.com; Mond © Savvapanf Photo – stock.adobe.com
S. 15: Papierflieger © Getty Images/iStock/Vitalii Dumma
S. 17: A © Getty Images/E+/fotografixx; B © Getty Images/iStock/ktaylorg; C © Getty Images/iStock/Viktoriia Hnatiuk
S. 17: © auremar – stock.adobe.com
S. 18: © Getty Images/iStock/MichaelDeLeon
S. 19: © Getty Images/iStock/ktaylorg
S. 20: © Getty Images/iStock/ktaylorg
S. 25: © Getty Images/E+/sturti
S. 28: © Getty Images/E+/AscentXmedia
S. 29: © Valmedia – stock.adobe.com; Nils © Daria – stock.adobe.com; Esther © Getty Images/E+/FG Trade
S. 30: © Getty Images/E+/FangXiaNuo; untere Reihe von links nach rechts: © Getty Images/iStock/diignat; © Westend61 – stock.adobe.com; © Volodymyr Shevchuk – stock.adobe.com; © Getty Images/E+/FG Trade; © JackF – stock.adobe.com
S. 31: Nils © Daria – stock.adobe.com; Maruta © Getty Images/iStock/DjordjeDjurdjevic; Britta © Getty Images/E+/Giselleflissak; untere Reihe von links nach rechts: © radiokafka – stock.adobe.com; © Getty Images/iStock/Rawpixel; © Martin – stock.adobe.com; © Hero Images/Hero Images – stock.adobe.com; © astrosystem – stock.adobe.com; © Ryolemon – stock.adobe.com
S. 33: © Getty Images/E+/FG Trade
S. 34: Illustrationen untere Reihe von links nach rechts: © Getty Images/iStock/samuii; © Getty Images/iStock/Color_life; © Getty Images/iStock/Abscent84; © Getty Images/iStock/Mykyta Dolmatov
S. 35: Illustrationen untere Reihe von links nach rechts: © Getty Images/iStock/SpicyTruffel; © Getty Images/iStock/Color_life; © Getty Images/iStock/aseq; © Getty Images/iStock/BRO Vector; © Getty Images/iStock/Yuliya Pushchenko
S 36: Leon © Thinkstock/Photodisc/Siri Stafford; Franziska © Getty Images/E+/HRAUN; Milena © Getty Images/iStock/wando studios inc; Jerin © Getty Images/iStock/XiXinXing; Yolanda © Getty Images/E+/FilippoBacci
S. 41: © bernard van berg/EyeEm – stock.adobe.com; Mann © Getty Images/iStock/mheim3011; Frau © Getty Images/iStock/fizkes
S. 42: © Franz Specht, Weßling
S. 43: Porto St. Stefano © Getty Images/iStock/monticelllo; Lüneburg © Getty Images/iStock/igmarx
S. 44: Koffer © Getty Images/iStock/Bet_Noire; Haus © Getty Images/iStock/Photomick
S. 45: © Getty Images/Westend61
S. 46: Charlotte © Getty Images/E+/pidjoe; Julius © Getty Images/E+/SolStock
S. 47: Artemis © Getty Images/E+/NoSystem images; Hubertus © Birgit Reitz-Hofmann – stock.adobe.com
S. 49: Bea und Noemi © Getty Images/iStock/Milos-Stankovic; Michi © Getty Images/E+/bymuratdeniz
S. 51: © Getty Images/E+/Martin Dimitrov
S. 57: © Getty Images/E+/alvarez
S. 58: Janina © Rido – stock.adobe.com; Pascal © Getty Images/iStock/Ridofranz
S. 59: © Getty Images/iStock/Prot Tachapanit
S. 61: beide Fotos © Getty Images/iStock/puhimec; Rahmen Video © Getty Images/iStock/oleksii arseniuk
S. 62: 1 © Getty Images/iStock/lucentius; 2 © Getty Images/iStock/Valeriia Sivakova; 3 © Getty Images/iStock/Tarzhanova; 4 © Getty Images/iStock/antpkr
S. 64: Stofftaschentücher © Getty Images/iStock/Andrei Zonenko; 1 © aneduard – stock.adobe.com; 2 © Anastasiia Burlakova – stock.adobe.com; 3 © Thinkstock/Stockbyte; 4 © Getty Images/iStock/alenkadr; Hund © Getty Images/iStock/PavelRodimov
S. 65: A © Getty Images/iStock/zi3000; B © Getty Images/iStock/kunchainub; C © Getty Images/iStock/triocean; D © Getty Images/iStock/OlgaKorica
S. 66: Gericht © Getty Images/iStock/triocean; Maike © Getty Images/E+/Tempura; Nabiha © Getty Images/E+/Stígur Már Karlsson/Heimsmyndir; Adam © Getty Images/E+/shapecharge
S. 68: © Getty Images/iStock/patrickheagney
S. 73: © Getty Images/E+/pixdeluxe
S. 74: beide Fotos © Getty Images/iStock/Zinkevych; Blumen © Getty Images/iStock/ChrisGorgio
S. 75: © Getty Images/iStock/Ridofranz; Karussell © Getty Images/iStock/Lugaaa
S. 76: © Getty Images/iStock/jacoblund; Eichhörnchen © Getty Images/iStock/Andyworks
S. 77: © Getty Images/iStock/vadimguzhva
S. 78: oben © Getty Images/iStock/OLGA KAZANTSEVA; unten © Getty Images/iStock/Blumbaker
S. 79: © Getty Images/iStock/Eleonora Grigorjeva
S. 80: © Getty Images/iStock/PeopleImages; Sophie © Getty Images/E+/Goodboy Picture Company
S. 81: 1 © Getty Images/iStock/SuzanaMarinkovic; 2 © Getty Images/E+/AzmanJaka; 3 © Getty Images/iStock/fermate; 4 © Getty Images/iStock/vaaseenaa
S. 86: A © Getty Images/iStock/Ranta Images; B © Thinkstock/iStock/seb_ra; C © Getty Images/E+/yongyuan; D © Getty Images/E+/hobo_018; E © Getty Images/iStock/Getty Images Plus/apomares; F © Thinkstock/Fuse

S. 92: Autos © Kara – stock.adobe.com; Mann © Getty Images/iStock/Jelena Danilovic; Fahrradfahrer © Getty Images/E+/AscentXmedia; Fahrrad © Getty Images/iStock/deepblue4you; Fahrradschloß © Getty Images/iStock/tatniz; Jacke © Getty Images/iStock/gopfaster; Fahrradtasche © Image Factory – stock.adobe.com; Karte © Getty Images/iStock/filborg
S. 93: © picture-alliance/REUTERS | Nacho Doce - Kinder und freiwillige Eltern fahren mit dem Fahrrad zur Schule auf autofreien Straßen als Teil des „Bicibus" (Fahrradbus) der Stadt in Barcelona, Spanien, 18. November 2022
S. 94: © Harald Tedesco – stock.adobe.com
S. 95: © Getty Images/E+/FG Trade
S. 96: A © Seymour – stock.adobe.com; B © Simone van den Berg – stock.adobe.com; C © sebgsh – stock.adobe.com; D © Kitch Bain – stock.adobe.com; E © dionoanomalia – stock.adobe.com; F © Jutta Adam – stock.adobe.com; G © Aukid – stock.adobe.com; H © Peter – stock.adobe.com; I © Getty Images/E+/FrankRamspott; J © katrin sauerwein/EyeEm – stock.adobe.com; K © ronstik – stock.adobe.com; L © Sonja – stock.adobe.com
S. 98: Alina © Thinkstock/Stockbyte; Alexey © Thinkstock/iStock/NADOFOTOS; Edwina © Getty Images/iStock/gustavofrazao
S. 101: © Thinkstock/Zoonar
S. 104: Johannes © Getty Images/iStock/pixelfit; Ruth, Björn, Marlen © Getty Images/E+/Martin Dimitrov
S. 105: Linus © Rido – stock.adobe.com; Theo © Getty Images/iStock/ajr_images
S. 111: A © Getty Images/iStock/Andrei Zonenko; B © Getty Images/iStock/aimy27feb; C © Thinkstock/iStock/msk.nina; D © Thinkstock/iStock/mkos83; E © Getty Images/iStock/clu; F © Getty Images/E+/Antagain; G © Thinkstock/iStock/Picsfive; H © Thinkstock/Stockbyte; I © Getty Images/iStock/clu; J © ThinkStock/iStock/Azure-Dragon; K © Getty Images/iStock/Samohin; L © PantherMedia/Bernhard Spieldenner
S. 114: 1 © Getty Images/E+/AleksandarNakic; 2 © Getty Images/E+/FangXiaNuo
S. 116: Theo © Getty Images/iStock/ajr_images; Linus © Rido – stock.adobe.com
S. 117: A © Getty Images/iStock/Andrei Zonenko; B © Getty Images/iStock/aimy27feb; C © Thinkstock/iStock/msk.nina; D © Thinkstock/iStock/mkos83; E © Getty Images/iStock/clu; F © Getty Images/E+/Antagain; G © Thinkstock/iStock/Picsfive; H © Thinkstock/Stockbyte; I © Getty Images/iStock/clu; J © ThinkStock/iStock/Azure-Dragon; K © Getty Images/iStock/Samohin; L © PantherMedia/Bernhard Spieldenner
Mit freundlicher Unterstützung durch Pictura Anima, Tattoostudio Allach (S. 13)

Produktionsfotos: Alexander Sascha Keller, München
Illustrationen: Michael Mantel, Barum
Bildredaktion: Natascha Apelt, Hueber Verlag, München

Inhalt der CD
CD 1: Hörtexte zum Kursbuch Lektionen 1 – 6;
CD 2: Hörtexte zum Kursbuch Lektionen 7 – 12 |

Sprecherinnen und Sprecher: Angelika Bender, Stefanie Dischinger, Peter Frerich, Leslie-Vanessa Lill, Verena Rendtorff, Manuel Scheuernstuhl, Alexander Wohnhaas

Produktion: Tonstudio Graf, 82178 Puchheim bei München | Scheune München Mediaproduction GmbH